金融科技应用与发展探析

孟先彤 ◎著

中国出版集团
中 译 出 版 社

图书在版编目（CIP）数据

金融科技应用与发展探析 / 孟先彤著. -- 北京：中译出版社，2024. 3

ISBN 978-7-5001-7825-5

Ⅰ. ①金… Ⅱ. ①孟… Ⅲ. ①金融－科学技术－研究 Ⅳ. ①F830

中国国家版本馆CIP数据核字（2024）第067193号

金融科技应用与发展探析
JINRONG KEJI YINGYONG YU FAZHAN TANXI

著　　者：孟先彤
策划编辑：于　宇
责任编辑：于　宇
文字编辑：田玉肖
营销编辑：马　萱　钟筱童
出版发行：中译出版社
地　　址：北京市西城区新街口外大街 28 号 102 号楼 4 层
电　　话：（010） 68002494 （编辑部）
邮　　编：100088
电子邮箱：book@ctph.com.cn
网　　址：http://www.ctph.com.cn

印　　刷：北京四海锦诚印刷技术有限公司
经　　销：新华书店
规　　格：787 mm × 1092 mm　1/16
印　　张：11
字　　数：215 千字
版　　次：2024 年 3 月第 1 版
印　　次：2024 年 3 月第 1 次印刷

ISBN 978-7-5001-7825-5　　定价：68.00 元

版权所有　侵权必究
中　译　出　版　社

前言

数据与计算相互依存和影响并赋能应用，新一代信息技术驱动的数字经济时代已然来临。人们每天沉浸在物理信息融合的当下，如何使信息技术与资源要素优化配置并共同发生作用呢？以人工智能技术为代表的数字化与数智化技术成为重要的选型技术。

业务数据化以及数据业务化是大数据价值实现的关键，前者专注的是在业务系统中主动记录和富集反映人、事、物、行为等信息的数据，后者从数据中发现洞见，并将此洞见反馈到业务系统中，使业务系统更加精益，从而更好地实现业务系统的价值期望。

所谓金融，指的是货币的发行、流通和回笼，贷款的发放和收回，存款的存入和提取，汇兑的往来等经济活动，其本质是金钱（货币）在多边的融通。IT 赋能金融行业最早是从 IT 软硬件系统在金融行业办公和业务中的电子化开始的。在早期，IT 并不参与金融公司的业务环节。随着自身的发展，IT 逐渐渗透到金融活动中，比如，赋能和变革传统的金融渠道，实现金融业务中资产端、交易端、支付端、资金端等任意组合的互联互通，达到信息共享和业务撮合。

金融科技主要是指由人工智能（Artificial）、区块链（Block Chain）、云计算（Cloud Computing）和大数据（Big Data）等新兴前沿技术带动，对金融市场以及金融服务业务供给产生重大影响的新兴业务模式、新技术应用、新产品服务等。因此，有：金融科技＝A+B+C+D 的说法。

本书主要研究金融科技应用与发展，从金融科技概述入手，针对金融科技的概念、金融科技应用模式、金融科技监管进行了分析研究；另外，对金融设施与金融科技发展机制保障、金融科技信用风险防范、金融科技结合的技术应用基础做了一定的介绍；还剖析了金融科技视角下普惠金融财务发展、金融科技视角下的金融行业发展等。本书旨在摸索出一条适合金融科技发展的科学道路，帮助从业者在应用中少走弯路，运用科学方法，提高效率，对金融科技应用与发展探析提供一定的借鉴。

目 录

第一章　金融科技概述

第一节　金融科技的概念

一、金融科技的定义

由于金融科技行业目前仍处于发展的初级阶段，涉及的业务模式尚不稳定，各类业务形态呈现多元化趋势，且存在不同程度的差异，因而关于金融科技的定义和概念缺乏统一的标准。国内外不同的组织机构、专家学者对其有不同的认定和看待角度，对于金融科技的理论认识存在差异。金融稳定理事会（Financial Stability Board，简称 FSB）于 2016 年 3 月发布了《金融科技的描述与分析框架报告》，在国际组织的层面对金融科技进行了定义，报告中将“金融科技”定义为：技术带来的金融创新，它能够产生新的商业模式、应用、过程或产品，从而对金融市场、金融机构或金融服务的提供方式产生重大影响，它既囊括了前端产业，也包括了后台技术。

广义而言，金融科技是一种支撑消费者的金融服务。通过互联网、移动设备、软件技术、云计算将金融服务与消费者进行联系，使消费者能够享受便利的、低成本的金融服务。由其衍生出的众多应用，已经改变了金融服务或者产品用户的消费习惯，同时，通过大数据对用户的偏好进行分析，以优化金融科技的产品或服务。金融科技利用新技术提升金融服务的效率，更新市场环境、催生了新的商业模式以及信用评级的方式。用户通过科技获得更好的金融体验，新科技致力于打破信息的孤岛，帮助用户提升理财收益率。其本质在于利用新的互联网技术改造和创新金融产品与服务模式，新技术对金融业务起到补充、支持与优化作用，提升企业对金融业务的合规能力。

对金融创新而言，传统金融机构进行决策需要考量较多的因素，包括旧的商业模式、决策机制与监管政策等，故较为保守。相反，金融科技公司更容易“轻装上阵”。首先，金融科技公司诞生于监管真空之下，不需要过多考虑监管的因素；其次，金融科技公司的经营模式更为灵活，旨在为用户创造满意的体验，由用户的意愿为导向对其提供的金融产品或服务进行创新与改进，故能够吸引更多的用户，使其成本不断摊薄。尽管关于金融科技与传统金融之间的关系存在争议，新技术对传统模式有一定程度的冲击，但金融科技倒逼传统金融机构加大对新技术的投入，使金融科技成为传统金融模式的有益补充。为了提高竞争力，传统金融机构，如银行、证券公司、保险公司也积极投身金融科技的大潮，以应对新技术带来的冲击与挑战。从上述内容可以看出，金融产业环境、监管态度、基础建设都对金融科技的发展具有深远影响。

然而，金融科技所蕴含的风险与不确定性亦是传统金融机构选择保守的主要因素。“破坏性创新”成为金融科技的发展模式，以低成本、低品质，将科技创新应用于产品或服务，突破现有市场的消费改变，吸引传统金融机构忽视的客户群体，使金融更加普惠化。但是，金融科技的发展也面临当前法律与政策的约束，与当前制度的空隙需要更快弥合。例如，“去中心化”使数字货币能够绕开银行的清算系统完成资金循环。从人工智能、云计算、大数据到区块链、虚拟货币，金融科技正在改变金融服务的现状，使金融资讯更加透明、用户参与程度更高、操作更加便捷以及成本更低。

此外，金融科技的服务对象不再限于一国之国民，而是全球化布局。传统的金融机构，如银行，作为国家法定的吸储机构，服务对象主要为本国国民。而金融科技则是通过跨境推广，提升市场占有率与影响力。

二、金融科技的类型

巴塞尔银行监管委员会（Basel Committee on Banking Supervision，下文简称 BCBS）采用金融稳定委员会（FSB）的定义，认为金融科技是技术驱动的金融创新，并将金融科技分为三个产品部门以及“市场支持服务”，三个产品部门具体为“融资服务”“支付与结算服务”和“投资管理服务”。

三个产品部门直接涉及银行的服务，“市场支持服务”涉及的新技术创新既支持传统的金融机构，也支持金融科技公司的发展。“融资服务”包括股权众筹；“支付与清算服务”包括第三方支付、电子银行；“投资管理服务”主要是由人工智能技术提供的金融服务，包括智能客服、投资决策、智能投顾、语音数据挖掘等；“市场支持服务”是基于云计算、人工智能、区块链技术提供的金融辅助服务，如金融预测、反欺诈、金融风险控制等。

（一）融资服务

创新的互联网金融工具开始改变小微企业与个人融资难的问题，利用互联网技术及平等、协作、开放和分享的互联网精神提供金融产品和服务。近年来，互联网金融问题层出

不穷，对投资者，特别是中小股东投资权利侵害事件时有发生，由于关联交易，项目估值泡沫，通过增资变成股份套现，使得中小股东“套牢”其中。在投资后的管理上，如果中小股东投资难以变现或者变现时间过长，将严重影响投资者的投资热情，若投资者热情不复存在则影响企业的持续融资，对实体经济也产生直接的影响。

（二）支付与结算服务

当前，“扫一扫”“刷脸”等第三方支付方式已经普及。第三方支付意为，独立机构通过与银联或网联对接而撮合买卖双方进行交易的互联网支付方式。第三方支付一定程度上依赖银行支付系统，作为传统支付手段的补充，但拥有独立的运营权，充当企业、银行之间的桥梁，负责转移和结算消费者与企业银行账户的资金。近年来，第三方支付持续创新，包括非接触式支付创新、智能穿戴设备支付创新、生物识别技术支付创新。

第三方支付的盈利模式在于两个方面。第一，利用第三方支付平台除支付功能外，还向用户提供理财、还信用卡等服务，从中获得佣金；第二，获得大量的用户数据，包括用户的信用数据与用户的消费数据。信用数据对金融服务至关重要，有利于金融产品的营销与风控，而消费数据可以分析出用户的消费习惯、偏好，以精准地向用户投放商业广告。

在结算服务方面，跨境支付结算方式持续创新。此前，跨境支付结算耗时较长，由于各国结算程序不同，一笔跨境汇款的时间在 2 至 4 天，同时存在较高的跨境支付费用。总体而言，存在耗时长、中间环节复杂、费用高的问题。区块链技术的应用，使银行与银行间实现点对点支付，提升跨境汇款的效率与安全性，降低跨境汇款中间环节所产生的费用。

（三）投资管理服务

投资管理服务主要包括基于人工智能技术的智能客服、人像识别、投资决策、智能投顾、语音数据等。

智能客服与人像识别在银行使用比较普遍，智能客服可以解答客户的各种问题，帮助客户办理银行的各项业务，分担银行工作人员的工作，节省客户的办理时间。人像识别帮助银行对用户进行身份确认，用户完成如“摇摇头”“眨眨眼”等指定动作，即可远程确认身份。

由于传统人工投资顾问服务存在投资起点高、费用昂贵、人员水平有差异等情况，金融机构加大对智能投顾的研发投入。当前，投资决策与智能投顾在证券公司应用比较普遍，通过结合投资者的投资目标、风险测试等级，进行投资组合优化。基于人工智能算法和大数据技术为投资者提供在线理财服务，推荐理财产品与股票决策供投资者参考，根据市场的动态对客户资产配置提供建议。例如，根据股票板块情况、近一周交易数据，为用户预测该股票的趋势。

（四）市场支持服务

市场支持服务开发的主体为大型互联网科技公司，其优势在于用户海量的用户数据与先进技术。与传统的金融机构不同，互联网科技公司开发的金融科技产品的定位为向金融服务商提供技术支撑服务。因此，研发的金融产品涉及金融反欺诈、金融风险控制。

金融反欺诈是基于人工智能与大数据技术，投入大规模的金融数据，使“机器人”可以深度学习，通过分析信用数据，识别欺诈行为，能够预测交易变化趋势，降低金融机构的风险。

金融风险控制是基于大数据、云计算技术，将结构化、非结构化数据进行整合，分析这些数据当中存在的不一致性，事前设置白名单、黑名单，分析金融机构公司结构、竞争对手、投资标的等关系，从而做出相应的风险应对方案。

三、金融科技的特点

（一）去中心化

从技术上而言，“去中心化”是相对“中心化”而言的新型网络内容生产过程，一个系统中拥有许多个节点，而每一个节点可连接并影响其他节点。从社会学的角度，“中心化”是一种分权的过程，形成分层结构，“去中心化”的分权不是集权的再分配，如总经理授予每个部门经理一定的权限，而“去中心化”的分权是彻底的重构。人类社会走向工业化的过程，也是重构的过程。“去中心化”可以降低交易成本、优化组织结构，利于整体效能的提升。但“去中心化”的发展势必与“中心化”产生冲突。

对金融科技而言，“中心化”是以传统金融机构为中心，而金融科技的发展使虚拟货币能够绕开银行的监管，实现资金的循环。区块链技术是“去中心化”的代表，首次代币发行（Initial Coin Offering，下文简称 ICO）是区块链将使用权与加密货币结合的结果。区块链公司通过发行数字代币进行融资，源自以区块链技术为基础的数字代币比特币。区块链是比特币的底层技术，比特币是区块链技术在金融领域最为广泛的应用。在区块链技术发展和承认数字代币的前提下，区块链公司所使用的通过发行基于区块链技术产生的数字代币，是募集其发展所需资金的一种手段。由于区块链的法律框架没有形成，只有少数国

家，如加拿大、阿联酋将ICO明确类推适用IPO规则，但大多数国家尚未明确规定。因此，“去中心化”也存在真空监管而引发的金融风险与法律风险。

（二）普惠化

金融科技的普惠化意为，为弱势群体、低收入群体通过公平、透明的方式，提供其可以负担的金融产品或服务。金融科技通过创新价值链，改善用户的体验，提升弱势群体、低收入群体的参与感，其中包括移动支付、电子钱包、P2P网贷、股权众筹等，提供覆盖社会各个阶层的普惠金融服务。为解决小微企业融资难、融资贵的问题，银行通过发展金融科技对小微企业或其他主体进行画像，在系统中进行线上自动审批、智能监测，提供解决普惠主体缺信息、缺信任的问题，拓宽小微企业或其他主体的融资渠道。传统金融机构智能水平的提升，使普惠主体除了向互联网金融公司获得融资外，还可以向资质齐全、实力雄厚的传统金融机构获得更普惠的金融服务，能够有效降低边际成本，提升信贷成本的可负担性。

风险可控的情况下，普惠金融才能健康、持续地发展。金融科技使风险外延，提升普惠金融可持续性，信贷风险在事前、事中、事后的机制进行过滤。传统金融机构的信贷调查偏向于资产（动产、不动产），负债，收入，职业等信息，这些信息属于静态的结构性的数据。金融科技利用大数据技术可以收集用户的动态信息与非结构信息，通过特定的模型将非结构信息和动态信息转换为授信评分数据。贷款之后，利用风控模式对用户的风险状况进行监控，系统自动提前警示，防止金融风险的扩散。

（三）创新化

金融科技是科技驱动金融创新，创新是金融科技的灵魂。通过科技手段改变金融业生产方式，从而提升金融业稳健发展的能力。金融科技源于人类一次次对提升金融效率的科技发明，从电报机到互联网，从线下到线上，随着商业模式的不断颠覆，科技的发展为经济全球化奠定了坚实的基础。人工智能、大数据、云计算、区块链等技术与金融业深度融合，由此产生更高效、低成本、高附加值与便利的金融产品或服务，提升金融整体效率。由于金融科技公司的发展对传统金融业有所冲击，倒逼传统金融机构加大对金融科技的投入力度，创新支付技术、清算技术、风险管理、智能服务等，为传统金融服务注入创新的基因。金融科技企业以科技创新为方向，一旦产品成功，则取得高于传统市场主体的收益。

第二节　金融科技应用模式

一、股权众筹

国家号召“大众创业、万众创新”用于激发市场活力，缓解经济压力。在此大背景下，特别是金融科技时代的来临，大量的创新企业需要资金才能发展壮大。但是作为初创企业，由于各种条件限制，很难向传统的金融机构贷到所需的款项。因此，需要创新融资模式，推动新兴产业的发展。

金融科技创新开始改变小微新兴企业融资难的问题，利用互联网技术及平等、协作、开放和分享的互联网精神提供金融产品和服务。股权众筹成为其中的闪光点，作为解决初创公司及中小企业融资问题的一项关键融资方式和融资渠道，在最大限度降低企业融资成本状况下，融资效率得到了很大的提升，融资体系变得丰富，对初期创业企业的发展起到关键的作用。

（一）股权众筹的概念

股权众筹是指公司面向普通投资者出让一定比例的股份，投资者通过出资入股公司，获得未来收益。这种基于互联网渠道而进行融资的模式被称作股权众筹，通过公开小额股权融资的活动，具有“公开、小额、大众”的特征。以“公开、小额、大众”为特性的发展方向，要求开展股权众筹业务需要取得试点资格。

（二）股权众筹的发展状况

发起的众筹项目多为互联网 App、智能机器人等科技类产品融资，这类项目在项目表述上无一不是科技感十足、市场前景广阔，需要的专业知识超过普通投资人的知识边界，可能存在虚构项目方案和盈利前景问题。比如，众筹平台没有进行尽职审核，则可能与项目发起人构成共同侵权，从而造成股东利益受损。

股权众筹普遍采用“领投+跟投”模式，即由有经验的专业投资者在募资过程中作为一个“主要投资者”，许多人选择跟投。这种模式最初开始于 Angellist 海外股权众筹平台。Angellist 把这种创新模式，称为银团辛迪加，可译为联合投资模式。投资者可以和一个知名的投资者（领投人）共同投资。作为普通投资者的投资人选择遵循领投或联合投资。领

投人负责寻找投资项目，进行投资后的管理，在最后的投资收益中多获得一部分提成作为回报。这种模式的优势在于普通投资人只需要小部分资金就可以进行投资，同时可以利用领投人寻找项目和投后管理项目的经验，这种模式获得当下股权众筹平台的普遍认可。不过这种模式同样存在诸多问题，领投人利用公信力与发起项目企业进行关联交易，项目估值泡沫、通过增资变成股份套现，使得中小股东“套牢”其中。在投资后的管理上，存在中小股东投资如何变现或变现时间过长等问题。

（三）股权众筹制度的完善

1. 完善信息披露

一部证券法，洋洋数万字，归根到底就是两个字：公开。公开是现代证券法的基本哲学思想和指导思想，通过公开的手段去达到保护投资者的目的。中小投资者没有能力去要求并迫使股权众筹的发起人公开信息，所以，需要法定的公开手段去保护。要求股权众筹的募资人更加详细地披露公司的经营情况、现存风险、管理层薪酬、项目前景等与公司密切相关的信息，用于投资者进行判断。但是披露信息的前提，必须具有真实性、时效性，严禁虚假陈述的行为。在公司财务报表的披露上必须提供第三方具有资质机构的报告，规定统一的格式与内容进行披露。

对于信息公开，建议由证监会建立一个统一的股权众筹信息披露系统。凡是符合条件在股权众筹平台发起募资的公司应该统一在该股权众筹信息披露系统上进行登记和备案，并在该系统上发布公司股权众筹应该披露给投资者的信息，包括年报、股东会董事会决议、资产重组、诉讼等对投资者的股权产生影响的信息。给予每一位在该公司持有股权的投资者一个账号，可以登录该系统查询公司披露的信息。但是，需要考虑一个现实问题，由于是初创企业进行小额募资，不能完全与真正的上市公司一样执行同样的信息披露标准，同时为保障小微企业的商业秘密，只能选择相对公开。只有持有该公司股权的投资者才能进一步看到所投公司的信息，其他公众无法查询。

另一方面，针对我国的征信体系混乱的现状，需要积极发挥行业协会的力量，建立股权众筹各方的诚信档案，对严重的失信行为予以警告和公开。同时与其他的征信服务相对接，如“全国企业信用公示系统”、工商局的“黑名单”，建立企业的信用监管系统。

2. 规范平台运营

首先，股权众筹平台必须采取“中立”的立场，核实众筹项目发起方提供资料的真实性，除了形式审查还有实质审查的义务，股权众筹平台的法务部门需要进行尽职调查，包括公司的营业执照、纳税情况、行政许可等实质性事项。对股权众筹平台采用过错责任原则，若股权众筹平台存在过错，从而造成投资者的损失，应该追究平台的连带责任。

其次，在股权众筹项目于众筹平台上的宣传问题，特别对项目市场前景的描述、项目的网页制作、项目的广告，股权众筹平台不能进行夸大描述。在众筹项目信息真实披露的基础上，由投资者自行判断，应禁止平台及其工作人员夸大或虚构项目前景、误导投资者的判断。

3. 强化投资者教育

应该注意加强对投资者的风险教育，众筹平台应当承担对投资者风险提示以及风险教育的义务。由于投资者，特别是中小投资者大部分对股权众筹缺乏专业知识，加之股权众筹的发起企业多为小微初创企业，从事的多为新兴产业，市场对其认可需要很长的时间。由于盈利能力短期有限，股权众筹的投资本身存在很大风险，所以，需要强化投资者的风险意识。可以模仿证券公司开户系统，例如创业板开通流程。首先，需要对投资者进行一个投资风险类型评估，对其投资习惯进行判断，让投资者自己能够对自己的风险偏好、承受能力有一个初步的了解；其次，可以让投资者阅读一份风险揭示书，告知股权众筹存在的风险与不确定因素。投资者需要签署“已经阅读风险揭示书，自愿进行股权众筹投资，风险可承担”的文书。股权众筹平台应该对投资者的类型进行区分，建立包括稳健型、谨慎型、冒险型投资者的评价标准，以过滤不合格的投资者。

4. 完善投后管理

保障中小股东的知情权和监督权，中小股东对企业的经营情况、重大决策都有权利知晓。由于众筹的股东是依靠互联网而建立的联系，故中小股东比较分散。因而可以在中小股东中推举一定数量的股东代表，参与公司的股东大会、了解公司的具体业务开展情况、监督资金在众筹后的使用情况等。需要加强分散的众筹中小投资者的联系，一个周期结束后，应由被投企业组织中小股东代表到该企业实地调研，了解企业的真实经营状况并向其他股东反馈。此外，股东代表需要承担保密义务，保守公司的商业秘密。

为避免股权众筹平台私设资金池而引发的法律风险，需要建立第三方资金托管制度。股东的资金清算由银行或第三方支付公司负责，使清算与结算分离。股权众筹平台的法律地位应定位为“中介”，故不能直接接触客户的资金，以保障投资者的资金安全。

建立社会中介组织即行业协会，提供信息反馈渠道与利益表达的机制，对股权众筹行业进行自我约束，以自律管理主体介入股权众筹中，补充刚性立法的不足。为避免行政执法的滞后性，需要将监管前置，行业协会对促进投资项目的信息披露具有促进作用。相对

于证券发行，股权众筹的自治性与人合性均决定其适合自治管理模式。

5. 小额豁免制度

股权众筹的合法化问题可以借鉴美国的注册豁免公开制度来解决，目前，仅通过非公开的私募形式进行股权众筹已经不能满足发展要求。基于股权众筹的融资额度不高，通过互联网媒介的投资者比较分散，很难满足公开发行的条件，因而需要探索适合我国国情的小额豁免制度。建议在《中华人民共和国证券法》的修改中增设该制度，将符合规定的股权众筹确定为公开发行的例外情形，适用于法律关于公开发行的有关规定。证券监管机构通过对项目的行政审批，免除其注册义务，以提高融资的效率。通过限制投资者最高限额与项目融资的总额，从而达到保护投资者的权利之目的。

6. 完善股权众筹退出机制

就我国现状而言，可以从两个层面来解决这个问题。

第一，由企业的原始股东进行回购，回购按照投资协议的规定，在投资期届满之后，由被投资企业赎回投资者所持公司股权。这种做法相比直接主板上市、新三板上市而言，更具有灵活性。当初创企业的经营情况走上正轨之后，投资者也能够在较短时间内获得投资收益，根据公司的经营情况，双方可以约定一个合理的价格进行回购。

第二，探索转板机制。由股权众筹与新三板构建转板的“绿色通道”。对于股权众筹中突出的项目，监管机构应允许其率先开通对接新三板的便捷通道。同时，简化部分上市条件，如缩短公司成立与存续的时间、注册地可不位于国家高新园区等，帮助创新型企业获得更多元的融资渠道。

二、区块链

区块链的重点应用方向是证券市场，涉及非上市公司股权交易、上市公司股份交易、公司债券与客户管理等。其特点在于去中心化、不可篡改性、匿名化等特点，可以提升证券交易、结算、清算的水平与效率，有利于增加证券市场的透明度与优化投资环境。区块链的技术特征为“去中介”和“去信任”，对证券市场的结构有颠覆式的影响。例如，降低证券登记结算机构在证券市场运作过程中的作用，降低证券中介服务机构在证券发行与交易中的监管功能。对于区块链技术对金融监管的冲击与挑战，监管机构应当适应技术创新，发展监管科技，将区块链系统基础设施、智能合约、数字货币等作为监管方向。

（一）区块链的概念

区块链是一种数字化、分布式的加密货币交易记账技术。随着区块（最新的交易）不断增长，交易记录会按照时间顺序被排列和记载。它允许市场参与者跟踪数字货币的交易，每个节点会自动下载并保持一份拷贝。其是一个多方参与的分布式资料库，以高度的数据冗余实现低成本的信任建立，通过加密的方式保障信息安全，通过共识机制以防作假。通俗而言，区块链技术像全民可以参与的电子记账本，每一笔交易都可以被记录。对证券市场而言，分布式账本技术是最具价值的技术，可以降低市场基础设施的高成本。

总体而言，在互联网时代，区块链技术通过密码学加密资料，加之分散式演算法，解决互联网的安全与信任问题。而安全与信息也是金融的基础，因而区块链成为金融科技的关键技术。

（二）区块链的特点

1. 去中心化

区块链的各个节点具有相同的权利与义务。

2. 不可篡改性

凡添加到区块链数据库的数据，会被数据库永远存储，不能对数据进行篡改。

3. 匿名化

各个节点之间具有固定算法，节点的交互不用泄露各自的身份，能够匿名完成数据交互。

4. 开放性

除了交易过程中加密的隐私数据，区块链的数据是公开的，公众可以对区块链的相关数据进行查询。

（三）区块链在证券市场的应用

核准制是我国目前采取的证券发行的方式，其弊端在于行政审批的过程复杂、审核时间较长，一些潜力较大的创新企业缺乏条件获得上市资格。另外，由于证券涉及多方利益，各个环节都会产生相应费用，以至证券交易的成本较高，不利于提升投资者的积极性，从而影响证券市场的整体效率。

引入区块链技术，对于改进当前的情况有所帮助。一方面，由于区块链技术使每一个节点的权利与义务相同，金融交易的参与者都可以平等地获得信息，避免信息不对称造成的投资失误。同时，还有利于帮助加强证券发行交易流程中的公开性和高效性，将以中介为主的传统证券交易模式转变为分散式网络证券交易模式。由于不可篡改性，通过分散式

的演算，没有人能修改交易数据，排除了人为操作的可能，减少证券承销与保荐之间的利益冲突、造假的行为，很大程度提升证券交易的公平性，以保护投资者的权利；另一方面，监管部门通过区块链技术，能够及时知晓市场运行的信息，便于数据的查询与审核。总之，区块链技术能够提升证券业整体效率，保障证券发行的质量。

我国对待区块链技术应用于证券市场态度比较谨慎。当前，上市公司出现“区块链概念股”，监管机构对技术未成熟就炒作“区块链概念”的上市公司的信息披露进行持续监管，以防误导投资者。

（四）区块链应用的挑战

1. 资本市场对区块链概念的炒作

由于区块链技术的诸多优点，成为资本市场的“宠儿”，各式上市公司也以“区块链概念股”为标签进行股价炒作。但随着炒作潮的发展，监管部门要求披露具体涉及区块链研发的状况时，公司公告多为语焉不详或直接公告该技术还在研发中。金融科技，强调科技。所谓高科技一定要建立在高科研投入的基础上，许多公司缺乏科研团队与科研投入，因此存在误导投资者的行为。

2. 区块链技术对现有法律与监管制度的挑战

首先，区块链技术的应用使证券监管范围扩大化，通过分布式账簿的一致性记载完成证券的发行和交易，使得监管对象分散、以交易所为代表的异议对应监管变为需要监管整个互联网。

其次，区块链技术下的证券市场，从本质上仍然为电子数据对证券权利进行记载，但是由传统登记系统的“单中心”变为区块链的“多中心”。由区块链技术衍生出的类似证券发行的数字货币技术（ICO）。

目前，世界各国对于ICO的监管模式主要可以分为三种，即全面禁止模式、纳入现行监管法规模式和监管沙盒模式。而监管的问题在于两点，第一，数字代币发行的合法性，非国家法定的货币发行机构发行的货币，是否具有法定效力；第二，ICO的发行是否属于证券监管的范围，只有少数国家，如加拿大、阿联酋将ICO明确为与IPO相似，适用该国证券法规制。数字代币与传统证券交易的程序不同，投资者适当性、证券账户和资金账户的分离与托管、信息披露、锁定期等常规的监管规定不能与ICO匹配。因此，亟须设计适合区块链应用证券市场的监管制度，而不能与现有监管制度完全“生搬硬套”。

三、智能投顾

智能投顾属于普惠金融的范围。随着个人投资者理财需求日益增长，由于传统金融机构的理财门槛较高，人工投资顾问的收费较贵，不能满足普惠金融的需要。基于人工智能技术、大数据技术提供投资组合与投资决策，近年来，商业银行、证券公司、保险公司以及互联网科技公司纷纷进行智能投顾的应用与研发。

智能投顾具有高效率、低成本的优势，为用户提供专业的金融服务。由于技术与法律的限制，半自动智能投顾是当前的主流，理财“机器人”为客户提供投资建议与趋势分析，但是无法实现自动为客户做投资决策。由于证券市场瞬息万变，任何投资分析面对实时的市场变化，都具有滞后性。在技术成熟的情况下，如果智能投顾完全自动为客户进行交易，更有利于降低客户的投资风险。

另外，智能投资的算法还不太成熟。由于国内金融机构的投资管理能力和投资标的有限，很难分散风险，智能投顾需要细分市场，多元化发展，才能避免与传统金融机构的直接竞争。

（一）智能投顾的概念

智能投顾，又称机器人理财（Ribo-Advisor），指利用大数据分析、量化金融模型以及智能算法，并结合投资者风险偏好、财务状态、预期收益，为投资者提供资产配置组合以及投资决策等智能化、个性化的金融服务。

智能投顾的基本流程为：一，为客户画像，通过现场或在线问卷对客户的风险偏好、投资目标进行分类；二，投资组合配置，由系统为客户做合适的资金配置；三，资金托管，客户资金转入第三方托管账户；四，执行交易，通过系统代理客户进行交易；五，投资组合调整，系统根据市场变化与客户需求进行实时监控与调整。

国外智能投顾的三种应用场景是投资规划、投资顾问和投资基金。具有代表性的金融科技公司包括 Personal Capital、Future Advisor。投资顾问能更深度地为客户提供产品和服务指导，包括 Wealth Wizards 和 Money Farm。投资基金能够帮助投资者全权委托管理，包括 Betterment 和 Wealth front 等。

（二）智能投顾的发展原因

相对传统人工投顾而言，智能投顾评估更加快捷，通过智能算法提供的投资组合配置减少了因人为因素产生的风险。

（三）智能投顾的特点

1. 低费率

一方面，智能投顾平台通过减少人工成本，利用大数据算法为客户提供智能化理财方案，远低于传统人工投顾的费用。另一方面，智能投顾收费透明化，免除隐藏费用或增值费用。

2. 低门槛

智能投顾具有技术优势、成本优势、效率优势。投资门槛普遍从零开始，使金融服务普惠化，各阶层投资者均可以参与。

3. 智能化

智能投顾为客户智能账户资产配置再平衡服务，根据国际、国内市场变化、政策变化等情况，将信息随时向客户传递。成熟的算法在复杂的投资决策和预测中可能比人脑更精确、无偏，避免人类情感偏见、行为偏差和判断失误，保证投资理性，规避利益冲突和道德风险，维护股票市场秩序。

（四）智能投顾的分类

1. 全自动智能投顾

全程无人工干预，智能投顾平台具有独立性，能够为客户提供全智能化、自动化的投资理财建议。

2. 半自动智能投顾

作为人工投顾的辅助与补充，为客户提供初步的投资理财建议，再由人工投顾做出进一步的咨询与建议。当前，半自动智能投顾服务是我国的主流选择，证券公司、基金公司多推出智能投顾服务，具有智能投顾功能的 App 成为大型国有银行的标准配置。

（五）智能投顾应用的挑战

1. 行政许可问题

在当前法律制度框架下，我国发展智能投顾受到“牌照问题”及“投顾与资管业务分离”两大监管因素的制约。中国人民银行明确要求：开展智能投顾业务，需要取得投资顾问资质。因此，需要明确智能投顾的范围，避免以智能投顾之名，违规开展资管业务。

2. 算法问题

算法是智能投顾的核心。对算法的监管也应该纳入监管机关的职能范围。通过对算法进行评估，确保采用数据的真实性，并控制计算所产生的误差，防止算法失误带来的不利影响，最终造成投资者的损失。因此，监管机构需要对算法定期审核，督促算法随市场情况变化而进行更新。

四、监管科技

监管科技具有技术中性、智能自动化、大数据处理等优势，其运用满足宏观审慎监管的监管体系要求，能够提升监管机构的监管效能，降低金融机构的合规成本，应对全球范围内监管不断增加的复杂性和紧迫性。人工智能、大数据、云计算、区块链技术是监管科技的技术支撑，主要的场景用于监管，包括财务风险分析、市场运营分析、公司信息披露分析、违法交易行为分析等。

（一）监管科技的概念

监管科技“RegTech”是 Regulation Technology 的缩写，包括监管和合规双层含义，本质是通过科技赋能金融监管改革，丰富金融监管手段，助力监管机构优化监管方式，帮助金融机构降低合规成本，平衡监管与创新，最终实现金融业平稳健康发展的目标，实现对金融安全的维护和对金融风险的防范。中国人民银行金融科技委员会将监管科技定义为：“科技与监管的有机结合，主要作用是利用技术帮助金融机构满足监管合规要求。”

由于我国金融机构和金融科技公司缺乏研究和开发监管科技的动力，因此，监管科技的发展需要由监管机构来推动。金融机构应用监管科技的目的在于能够提升其合规能力，监管机构应用监管科技的目的在于维护金融安全与稳定。监管科技的应用使金融科技的发展更符合监管的要求，试图解决监管滞后性引发的金融风险。

（二）产生的原因

一方面，2008 年全球金融危机之后，各国金融业呈现从严监管的状况，为避免高额的处罚，金融机构投入大量的合规成本。

另一方面，金融科技导致对监管科技的需求，监管科技促使监管机构的转型，这是金融监管面临的新形势和新要求。观察金融发展的历史可以发现：在几十年前，金融交易量比较小，人工可以核查每笔交易的踪迹；随着我国资本市场快速发展，尤其是银行开始出现复杂的交易模型，传统的人工监管已经不能适应监管形势的需要，加之金融科技使混业

经营成为趋势，跨行业的资金流动日趋频繁，新技术的应用使得金融风险更加隐蔽，因而对监管机构提出了更高的要求。监管科技通过事前预测、事中监控、事后分析，帮助监管机构防范金融风险。

（三）监管科技的功能

1. 行为分析

通过用户的交易资料、文本资料、语音资料，对用户交易风险进行全方位监控。

2. 实时监控

实时监控数据变化，自动对高风险行为提出警告，确保监管机构或金融机构第一时间对风险进行处理。

3. 风险预测

根据对象行为分析的结果，基于大数据技术，从结果中挖掘出潜在风险。

（四）监管科技的评价

监管科技的发展是未来弥合金融科技对监管体系的挑战。第一，监管科技提升金融系统的运行效率，促进金融安全，提供多元选择；第二，应对信息技术革命带来的去中心化、匿名化，通过发展监管科技以实现有效监管，降低金融监管成本。监管科技有助于拓展金融监管体系的“生产可能性空间”。监管科技有利于维护金融体系稳定。

然而，监管科技也面临数据隐私权的问题。特别是欧盟 GDPR 要求新技术需要进行隐私风险评估。因此，监管科技的开发企业应该预设隐私数据保护模式，阻止隐私数据泄露事件的发生。

第三节 金融科技监管

金融科技的金融属性决定了其风险特征，科技属性决定其隐蔽性特征。新技术的应用使金融科技的风险传播速度更快、影响范围更广，为造成系统性的金融风险埋下隐患。对监管而言，金融科技问题源自金融和科技创新的深度融合及其对国家金融体系的内在影响。当前，金融立法滞后，监管模式、手段落后导致利用“金融科技”侵害法益的事件层出不穷，从民事侵权领域已经向刑事犯罪领域延伸。因此，对金融科技的监管意义已经不仅限于保护投资者利益，而是应该上升到维护公共利益、社会秩序的高度。当前金融科技发展的关键问题是如何构建一个平衡创新能力与防控金融风险的监管模式。

一、金融科技可能引起的系统性风险

系统性风险指不利因素长期积累未受重视，突发共振导致风险传染，引发金融参与者恐慌，使金融市场的投资风险增大，并造成系统内一系列损失。金融科技与金融混业化相交织，其去中心化造成“脱媒风险”，提供的金融业务绕开银行实现循环，金融风险的特征被凸显。由于金融科技公司延展了金融业务涉及的范围，增加了金融外包风险，传统金融风险防控体系难以对金融风险进行识别。金融监管体系的制度性错位以至系统性风险来临之时，监管模式和监管手段出现间歇性失灵。

（一）系统性风险产生的原因

金融科技产生的系统性风险能够长期积累而未受重视，由于突发共振而传染，最终引发系统性金融风险。具体的原因有三点：第一，“脱媒风险”。金融科技的资金能够绕开商业银行体系，用数字货币的交换模式，实现资金监管外循环。“脱媒风险”成为一个严重的问题。第二，技术风险。金融科技需要技术作为支撑，如果技术出现偏差，如编程错误、数据泄露则直接导致其提供的金融服务或产品存在先天性缺陷。第三，数据安全风险，金融科技需要收集大量的用户数据，关于数据的处理与交换处于无规则状态，个人数据没有明确隐私权的范围，容易造成数据泄露的风险。

（二）金融科技与实体经济的关系

金融的本质属性决定金融科技的最终落脚点是为了通过提高金融资源的配置效率来支持实体经济的发展，并以此进一步改善消费者体验。以技术驱动实现金融创新，对传统金融的不足之处进行有效补充，解决中小企业融资难的问题，多层次补充直接融资的需求，提高资金的配置效率来促进实体经济的发展。

在当前“去杠杆”的背景下，民营和小微企业还有很大的资金缺口，“融资难”与“融资贵”依然是制约其发展的主要问题。互联网金融的发展使金融服务的成本和门槛下降，民营和小微企业可以由金融科技公司提供所需要的金融服务，金融科技的应用将提升互联网金融服务提供者的风险控制能力和水平，如反欺诈产品、信用产品、智能催收产品等。

（三）金融监管机构风险识别难度增大

金融科技涉及复杂的信息系统，庞大的数据与交错的系统结构使金融监管机构风险识别难度增大。金融科技体系具有虚拟化和分布式的特点，当金融科技涉及多元化的金融服务或产品，其跨越性更加明显，特别是如何解决虚拟货币绕开所在国银行完成资金循环的问题。因此，对金融监管机构的风险识别能力提出新的要求。

二、大型科技公司存在的潜在风险

一般而言，金融科技不会对金融稳定造成巨大影响。但是，大型科技公司在发展金融科技过程中的潜在风险可能对未来的金融稳定造成影响。

大型科技公司对于发展金融科技有巨大的优势，如阿里巴巴等，因为其拥有海量的用户数据和强大的资本实力，随着用户数量的增多随即产生更多的数据，由此完成数据循环，同时可以立即使用云计算、人工智能等尖端技术处理海量用户数据，并将金融服务作为其产品范围的一部分。近年来，大型科技公司相继进入金融服务领域，涉及第三方支付、理财产品、贷款以及金融辅助产品开发。相对银行等传统金融机构而言，科技公司不需要实体的“门面”，不需要靠“总行—省分行—市分行—支行”或“总行—市分行—支行”与行政区划匹配的业务覆盖模式，仅需要利用网络平台就可以低成本实现金融服务的覆盖。技术人员在其已建立平台中使用大数据分析网络结构，从而评估借款人的风险指数，减少对借贷抵押物的需求。因此，大型科技公司可以提高金融服务的效率，促进金融包容性和普惠性，并从中获得收益。

然而，维护金融稳定和保护投资者权益依然是金融科技监管必须考虑的问题，并没有因为科技公司介入而发生实质性改变。金融基础设施作为公共基础设施的重要组成部分，大型科技公司涉及的金融活动，已经超出了其用户和利益相关者的范围，涉及更广泛的公共利益。大型科技公司以其数据优势成为金融科技发展的主要主导力量之一，尽管提升了金融服务的效率，但也存在着“行业垄断”、数据滥用和跨国监管协调的潜在风险。

（一）“行业垄断”

数据分析、网络外部性、交织活动构成了大型科技公司业务模型的关键特征，三个特征相互交融。其网络外部性在于用户通过平台获得收益，从而吸引更多用户的参与。例如，用户使用网络平台作为卖方，因为销量大，从侧面说明商品受到欢迎，则会吸引更多新用户作为买方。同时，因为可观的收益，也会吸引更多的用户通过平台作为卖方。网络外部性吸引了更多用户，并为用户带来了更多价值，也为大型科技公司产生更多的数据，由此可以进行数据分析以增强现有服务并吸引更多用户。因此，当平台提供的服务范围越广，则网络外部性越强，意味着大型科技公司可以使用这些数据而关联金融服务，其使用机器学习和网络分析与大量大数据的处理相关联，通过平台获得的与金融服务相关的大数据包括交易数据，与声誉有关的数据（索赔率、处理时间、反馈和投诉），行业的特征（销售季节性、需求趋势）。

不同的大型科技公司拥有的数据类型不同。社交媒体类的科技公司拥有关于个人偏好和社交联系的数据，用于金融产品营销；电子商务类的科技公司偏向于收集金融方式与消费习惯的数据，用于建立信用评分模型，通过该模型发展消费贷款；搜索引擎类的科技公司通常拥有海量的用户，可以从在线搜索中推断出他们的偏好，对第三方金融服务进行定价与精准营销。尽管大型传统金融机构也有许多用户，并且也提供广泛的服务（例如，理财产品、保险产品、消费贷款），但使用网络用户数据分析方面远不如大型科技公司有效。

尽管大型科技公司降低了金融服务的成本，提升了金融服务的效率，但也带来了新的风险。大型科技公司的优势在于技术和规模，近乎零成本收集海量用户数据，利用已经成熟的平台销售金融产品或服务，加持资金与数据优势，可以利用市场力量和网络外部性以增加用户并降低成本，可以有效地排除潜在的竞争对手，使得草创的金融科技公司自诞生就处于竞争的劣势，由此可能产生“行业垄断”。

一旦产生金融科技的“行业垄断”，可能产生不利影响。因为大型科技公司基于数据来评估用户的风险情况，在“数据垄断”之后，势必将高风险群体排除（此指处于弱势地位的群体），有损金融的普惠性。

（二）数据滥用

数据使科技公司与金融服务更紧密地联系起来。然而，获得数据的途径、适用数据的权限存在模糊性，数据与隐私权的关系尚未有国际通用标准。

一方面，数据在与隐私权分离的情况下，数据的适用原则上是有益的。因为数据本身不是商品，任何人使用数据的行为不会损害数据的内容。另一方面，数据的共享合乎社会发展的需要，大型科技公司几乎零成本获得数据。在市场竞争的情况下，数据的共享可以帮助企业降低成本，提升社会运转的效率。

但是，关键问题在数据所有权与数据隐私权。现实的情况是，大型科技公司实际上拥有用户数据的所有权，用户不能授权其他经营主体访问这些数据。通过将数据所有权分配给用户，可以在一定程度上弥补用户和服务提供者之间不平衡的竞争环境。根据竞争背后的网

络效应，可以通过设计数据有关隐私的附加规则以更有效地平衡竞争环境，允许用户授权其他经营主体使用的权限以增加有效的竞争，限制大型科技公司对网络外部性的利用。

（三）跨国监管协调

同时，大型科技公司一般都是跨国企业，其经营行为跨越一国的监管范围与国家间的地理边界，使监管更加复杂化。首先，涉及协调两个以上国家的三个监管部门，即反垄断监管机构、金融监管机构、数据保护监管机构，而这三个部门的职权是完全不同的；其次，涉及两个以上国家的三部不同的法律，金融法一般是规制金融行为，而竞争法与数据隐私法则是规制企业的通用标准。随着大型科技公司的跨国金融科技业务的开展，监管将从一国的“内务”变为需要国际监管机构的相互协调，协调就存在不同监管机构之间监管理念、监管模式、监管依据的博弈，这种协调延长了化解金融风险的周期，能否协调一致也成为一个重要的问题，单靠双边协议或者联盟内规则（如欧盟），无法满足金融科技的无国界化的特征，国际上亟须制定一个协调监管的规则。

三、监管方式升级的内在需求

首先，传统金融机构面临各种新的风险，包括网络风险、第三方风险、数据隐私风险等，并且更加积极与金融科技公司（数据分析公司或网络安全公司）开展跨界合作，最直接的影响是导致金融监管机构需要面对更多不对称的信息。

其次，金融监管机构需要平衡鼓励金融科技创新与保护传统金融机构稳定之间的关系。金融科技公司能够向低收入人群提供金融服务，从而促进金融普惠性。然而，在监管未健全的情况下，过于鼓吹金融科技的发展可能会影响现有的金融稳定。在当前的金融监管体系下，金融监管机构通过采取行政许可的方式以控制金融市场的竞争。但随着金融科技的发展，以何标准确定金融科技公司获得行政许可（金融牌照）的资格是金融监管机构必须考虑的问题，金融监管机构在数据有限的情况下是很难对金融科技公司的资格问题做出准确判断的，无法确认给予行政许可之后，该金融科技公司是否对当前的金融稳定造成不利影响。

随着市场中使用的新技术变得越来越复杂，金融监管机构监控和规制金融服务面临更多的挑战，特别是信息的不对称增加了监管复杂性和监管成本。金融监管机构迫切需要升级监管方式、提升监管效率，以适应新形势下的监管需求。因此，监管科技成为金融监管机构升级监管手段的契机。

（一）监管科技的定义

目前，关于监管科技的定义各国还存在争议，但是达成的一个初步共识为“通过技术有效地减轻合规负担”。

科技与监管的有机结合，主要作用是利用技术帮助金融机构满足监管合规要求。由于中国金融监管的包容性，金融机构和金融科技公司缺乏研究和开发监管科技的动力，中国监管科技的发展需要由监管机构来推动。

（二）监管科技的技术支撑

监管科技的技术来源涉及大数据、云计算、应用程序编程接口、生物识别技术等，帮助金融监管部门提升监管手段以防范和化解系统性金融风险，对潜在风险进行预警，帮助金融机构降低合规成本。目前，监管科技运用于监管数据的自动化采集和对风险态势的智能化分析运用，监管科技的发展方向为实现动态全过程的监管。

具体包括关联账户分析、实体画像、财务报表分析、市场异常交易检测、舆情分析以及金融文档分析。七类主要应用场景则包括行政许可类辅助分析、公司信息披露违规及财务风险分析、经营机构违规行为及财务风险分析、市场运行分析、证券期货服务机构尽职调查行为分析、违法交易行为分析等。

（三）监管科技的功能

监管科技包括监管和合规两层功能。上海证券交易所将其解释为：“合规”是金融机构利用新技术更加有效和高效地解决监管合规问题，减少不断上升的合规费用；“监管”，是监管机构基于新兴科技，主要用于维护金融体系的安全稳定，实现金融机构的稳健经营以及保护金融消费者权利。一方面，丰富金融市场选择的多元化，优化金融资源配置，促进金融科技创新的平稳应用；另一方面，应对金融科技创新带来的融资去中心化、监管依据模糊化等新情况，以科技手段优化监管方式，帮助金融监管机构降低监管成本，最终实现维护金融安全和化解金融风险。具体而言，监管科技的功能分为以下三类：

1. 市场监控

监管科技是为了满足市场监控的需要，通过监管科技中的云计算、大数据、人工智能技术对市场行为与参与者进行监控，当违规行为发生时系统会准确地发出市场警告。

监管科技的设计理念在于将传统的监管规则转变为预测风险的监管模型，利用人工智能技术对历史数据与更新数据进行不断“学习”，对当前与未来的风险做出警告与预测，

在机器监控的基础上，补充人工审核，以验证风险监控的有效性。监管科技致力于将结构化数据（通过二维表结构表达与实现的数据）与非结构化数据（文本、图片、音频、视频）整合起来，识别与跟踪异常的行为。

2. 客户识别与反洗钱

监管科技能够帮助监管机构或金融机构识别潜在的洗钱等金融犯罪行为，采用生物识别技术更加有效地对用户进行识别，采用分布式账本技术降低不同账本之间的开支与时间成本。通过监管科技以降低监管机构与金融机构的合规成本，提升风险应对的能力。

3. 投资风险评估

监管科技采用数据聚集与人工智能技术，监测市场变化中投资者的行为与投资配置，对投资者的风险承受能力进行评估，最终向投资者提供适当的投资建议，使投资建议与投资者的风险承受能力相匹配，并随时更新与完善。

（四）监管科技的评价

监管科技可以满足金融监管体系的要求，主动识别潜在风险并建立预警机制，以应对监管识别难度日趋复杂化。第一，需要制订国家层面的监管科技发展长期规划，利用监管科技建立高效的监管协调机制，建立以监管科技为技术支撑的金融监管体系；第二，金融企业需要加大对监管科技的研发力度，优化人工智能的算法，减少监管科技本身的技术故障，通过对潜在风险的事前预警，提升企业的合规效率；第三，随着监管科技的应用，涉及收集、储存、分析用户个人数据的情形，需要重视用户数据共享下的个人隐私数据保护，包括用户财务信息、身份信息等。总体而言，监管科技的发展与应用，有利于维护金融稳定与金融安全，推动我国经济稳健前行。

第二章　金融设施与金融科技发展机制保障

第一节　金融基础设施的变革创新

一、信息基础设施的变革创新

（一）金融科技变革信息基础设施的途径

1. 云计算在金融领域的主要应用

第一，云计算利用虚拟化技术，可以有效解决传统基础架构的问题。这种技术支持不同的应用系统实时地动态调整资源需求，实现真正的资源按需配置，不仅能提升 IT 资源的利用效率，而且还能有效降低应用系统对于硬件的依赖性，保障系统稳定。

第二，基于云基础架构的云计算服务能够按照金融机构的需求提供资源配置，金融机构能够自主选择相关产品的配置，并根据配置按年、按月或者按时付费。尤其是公有云，无须金融机构自己部署和维护 IT 基础设施，只需要按照需求灵活采购配置，及时调整需求，极大地节省了成本，提高了资源利用率。

第三，云计算通过提供完整的产品服务，可以敏捷、迅速地响应金融机构的需求，提升金融机构运行效率。搭建云平台有利于金融机构制订合理的资源分配方案，形成整体的云平台安全体系，从而为金融服务提供全方位保护，降低安全风险。

但是，云计算技术的应用也面临着数据安全、信息安全、服务过度使用等方面的新风险。金融机构是金融服务的最终提供者，其承担的安全责任不因使用云计算服务而免除或减轻。金融机构运用云计算技术，应该根据业务重要性和系统的数据敏感性，对云计算技术进行充分科学的评估，确保金融机构业务的连续性，在保证数据安全和信息安全的前提下，选择合适的云计算服务类别、部署模式和架构体系，确保使用云计算技术的业务系统的安全性。

2. 区块链在金融领域的主要应用

区块链技术的主要优势是无须中介参与、过程高效透明、成本低、数据信息高度安

全。区块链的公开和无法篡改的特点使其应用远远超出记账领域，可以应用于各种类型的记录管理。

区块链金融是区块链技术在金融领域的应用。基于区块链技术的支付架构体系，建立在去中心化的链条上，能够超越国家和地域的局限，利用全球互联网实现链条节点上数字资产流动与现实的现金支付之间的连接，提高效率、降低成本。使用区块链支付，每个参与者都可以在任何节点把自己的密码学钱包发展成一个“自金融”平台，完成即时支付、存款、转账、换汇、借贷，并且全网记账清算，也可以通过智能货币系统发行自己的金融合约产品和信用借条。当然这个过程中需要通过加密算法保证交易的真实可信。

但是，区块链技术在金融行业容易产生新的问题：一是不同种类区块链的处理性能存在差距，主要是联盟链及私有链比公有链有更强的处理能力，这也是制约区块链技术大规模应用的主要瓶颈；二是日益增加的节点数据记录对链上存储空间提出更高的要求，这就需要金融机构在使用过程中不断启用高性能的设备；三是公有链中各节点交易数据和信息的隐私安全与保护机制较弱，公有链中所有交易数据都是公开和透明的，每一个节点的参与者都能够获得所有交易的完整数据备份，这与商业机构保护商业机密的需求相矛盾；四是目前滞后的立法规范和制度建设还无法将区块链技术纳入有效监管，容易滋生区块链技术的不合规应用，也不利于金融科技的落地应用；五是区块链技术还存在很多未知领域，大多数的技术和应用还处于试验阶段，过度与无节制使用区块链可能会引发系统故障和程序漏洞等风险，给金融业的平稳运行带来过多不稳定因素。加密资产相关领域的安全事件表明，技术的不成熟会给用户带来较大的经济损失。未来，区块链技术风险仍然是我们重点关注的问题。

3. 大数据在金融领域的主要应用

随着大数据技术的快速发展，大数据也逐渐应用到了金融领域，集中表现在风险管理、金融创新、促进资源优化、打破客户信息垄断等方面。一是发现暴露金融风险并为风险控制提供参考，对经济主体的日常交易行为数据进行分析，判断其财务管理、经营状况及信用情况；二是促进金融创新，发现新的业务需求；三是有效整合互联网金融资源，促进资源优化，促进投资双方的信息发布、交流、匹配，尤其是能帮助小型企业以更快的速度筹集到资金，缓解小企业融资难问题；四是发现金融漏洞，维护金融安全，例如，利用大数据找出藏匿于网络空间的洗钱黑手，建立起智能的反洗钱体系。

但是，大数据应用于金融业还面临一些挑战：一是数据利用难以管控。大数据应用使数据生命周期增加了交易、共享两个环节，由传统的单链条演变成复杂的产业网络，复杂程度超出了消费者的理解能力，且数据的共享和利用很难实现全方位的管控。另外，大数据技术可能引起精细化决策带来的“数字歧视”等社会问题。例如，金融机构通过打标签对人群分类进而进行价格歧视。二是隐私保护更加困难。个人隐私保护和大数据开放共享的要求存在天然的矛盾，如果一味想实现数据价值最大化，片面追求更大的商业利益，容易导致信息过度采集和信息滥用。现阶段，多数大数据研究机构存在资金、技术和人力方面因投入不足引发隐私保护的问题。此外，由于缺乏道德自律，部分企业贩卖数据牟利，导致个人信息满天飞，网络诈骗、暴力讨债、网络盗窃、网络侦探等各类违法犯罪活动层出不穷。三是存在平台安全风险。大数据技术多采用分布式存储和处理方式，底层技术复杂，安全边界模糊，甚至还出现了针对大数据的新型的高级、持续性网络攻击手段。

4. 人工智能在金融领域的主要应用

人工智能在金融领域的应用可以促进金融业务智能化，给金融机构支付业务、个人信贷、企业信贷、财富管理、资产管理、风险控制、售后服务等带来颠覆性的变革，促进金融行业的蓬勃发展。一是金融服务方面。人工智能的发展打破了现有的金融服务模式，以智能客服、售后机器人等形式为客户服务。二是金融投资方面。人工智能应用于金融投资的指导与分析，如智能投顾，借助人工智能的技术和手段，可以对未来宏观经济形势、行业发展周期、企业经营状况等做出客观、准确的判断，并为客户提供更加合理的资产配置方法、投资组合品种和结构。三是金融风险控制方面。金融机构的经营对象是货币，但是经营过程无时无刻不与风险相伴，安全稳健运营一直是金融机构长远健康发展的前提条件和重要保障。尤其在互联网金融背景下，金融风险控制水平是其金融服务的整体水平以及其持续发展能力的体现。有效的金融风险控制可以降低成本支出，增强金融机构盈利能力，提升企业的核心竞争力，为金融机构正常经营保驾护航。

5. 物联网在金融领域的主要应用

物联网以一种全新的架构体系，让实体世界实现有组织的、主动的感知互动，让虚拟经济从时间、空间两个维度上全面感知实体经济行为，准确预测实体经济的走向，让虚拟经济的服务和控制融合在实体经济的每一个环节中，并催生一种全新的金融模式——物联网金融。物联网金融扩展了金融服务的边界，将原来面向“人”的金融服务延伸到“物”，借助互联网技术使各种融资活动实现了智能化运作，并创造出更多新型的金融模式，如公共服务物联网金融等。

物联网金融是指建立一个实时无缝对接、互联互通的物联网络系统，即各类经济社会部门极大O2O化，电子商务、电子政务等获得极大满足和提升，并建构出一套避免信息孤岛、降低信息搜集成本、强化信息披露制度和促进信息对称性交易的场景，实现了经济

社会各类资源、数据的互联互通和实时共享，是以客户需求为中心，实现全流程、多元融合服务，与各市场主体协同共赢的生态金融圈。

（二）金融科技变革信息基础设施建设的发展趋势

1. 发展多维数据库技术

传统的数据库多为关系数据库。关系数据库技术的数据整合思路是建立企业数据中心，将数据从各个系统抽离然后进行集中，再统一提供数据服务，但是随着数据量的急剧增加，数据所具有的非结构化新特点让传统企业数据中心难以整合。

多维数据库将数据存放在一个 n 维数组中。与关系数据库相比，多维数据库增加了一个时间维，将多维处理技术结合到关系数据库中，使数据处理速度更快、反应时间更短、查询效率更高。这种 n 维数组形式的存储技术，可以更好地兼容不同来源的数据，也为基于多维数据库中的数据进行快速在线处理提供了可能。这样，多维数据库技术较好地解决了不同来源的数据存储及高效查询问题，从而使金融信息基础设施能够整合不同来源的数据。

2. 发展可编程的金融

数字货币的强大功能吸引了众多金融机构采用区块链技术开展业务，将“智能合约”添加到区块链，从而形成可编程的金融。目前，金融机构基于区块链的应用方向主要有以下四个方面。

一是链上各节点之间的点对点交易。如基于区块链技术的跨境支付、场外证券交易、金融衍生品合约的买卖等，货币、证券、衍生品等金融工具交易各方分布在区块链各个节点上，各节点之间可以快速、低成本、无纠纷地进行交易。

二是利用区块链交易平台进行交易信息的登记。区块链具有可信、可追溯的特点，因此，以区块链为基础建立的交易平台可以永久性地记录、保存相关金融交易数据。例如，可以存储客户身份资料及交易记录，用在反洗钱业务活动中。

三是利用区块链交易平台进行交易合约的确权。如基于区块链技术的交易平台可以记录和确认土地、货币、股权、衍生品等合约或财产的交易，对交易和合约、财产的转移进行真实性验证等。

四是将“智能合约”添加到区块链，可以利用智能合约自动检测各种不同的金融交易环境，然后根据需要自动启动交易。

3. 5G 推动金融场景再造

5G 在辅助各种新兴技术落地、优化现有技术应用的过程中，推动金融场景再造，为金融行业注入新的生机。一是不断优化现有的金融服务模式及体验，为加快金融创新提供更好的数据信息传输技术，完善产品形态、优化服务模式、丰富服务渠道等；二是在探索物联网发展的背景下，金融机构充分利用互联互通带来的信息和技术优势，不断推出金融服务和发展的新模式。

4. 人工智能嵌入金融产品

随着机器学习和深度学习算法的不断成熟，人工智能被金融机构打造成多元化金融产品和系统，并有机地融合到现有的金融产品和服务中，以增强其市场竞争力。人工智能将覆盖金融产品设计、销售、运行、终止的全流程，并不断积聚大量种类不同的样本和数据进行学习，促进金融产品迭代改进。

二、支付清算的变革创新

支付清算体系是现代经济、金融体系的重要组成部分。支付清算平台能够及时、全面、系统地揭示金融系统运行的数量和结构特征。支付清算体系的合规合理运行是保障经济金融平稳发展的关键性因素。

（一）支付清算行业变革的技术基础

1. 大数据支撑支付清算业务海量化

支付清算系统运行及业务处理为客户交易提供资金的通道和媒介、资金划转结算的中介，商业银行及第三方支付机构都拥有大量的客户信息和海量的支付清算数据。而大数据技术可以带动信息处理技术的提升，使得商业银行和第三方能够顺利实现跨界数据信息共享。

大数据与支付业务深度融合，有利于各部门支付信息和跨界信息的搜集、分析、存储和挖掘，可以为支付清算行业提供更加合理的客户行为分析，提升客户精准分层的科学性，制订更加个性化的财务管理、营销规划。而大数据和人工智能快速融合，在海量数据的基础上，通过深度学习提高算法模型的数据处理效率和准确度，建立基于客户全面信息的信用分析，并为支付清算的风险防控提供强有力的数据支持，有利于快速建立并完善实时支付风险预警和防控体系。

2. 区块链支撑支付清算架构去中心化

区块链技术具有不可篡改的属性是确保去中心化的信任机制得以建立的基础，也为支付清算体系的重构提供了技术基础。随着区块链在金融领域应用的逐步深入，区块链技术

将为支付体系的搭建、支付风险的防范提供强有力的技术支撑，确保支付业务的安全性和支付体系的稳定性。

以区块链技术作为底层技术构建支付清算网络和体系，一是可以有效防范交易对手间的信用风险和由此带来的系统性风险，避免交易各方发生意外损失；二是可以降低支付成本，提高支付效率。尤其是在跨境支付领域，可以大大缩短支付到账时间，有效规避汇率风险以及相关操作风险等，还可以优化信息传递和资金转移的方式。

3. 云计算支撑支付清算行业服务云端化

由于支付市场交易规模随人们生活特点的变化而变化，支付清算系统的处理压力也会随之出现较强的波动性，尤其是在节假日期间，会呈现爆发式增长，而原有的支付清算技术缺乏快速反应能力。

云计算技术具有高弹性、互通性、开放性等特点，将云计算技术应用于支付清算平台，一是可以为海量的支付清算交易和服务需求提供动态化弹性支持，极大地提升支付清算业务系统的承载力，同时又能大大节约资源；二是云计算技术与支付服务相结合，其虚拟化技术可以虚拟出多个隔离的支付服务器，大大降低用户成本，提高资源利用效率；三是云计算的分布式文件系统可以保证支付信息数据的可靠性，实现资源弹性扩容；四是云计算的资源管理技术能够使大量的服务器协同工作，方便进行业务的快速部署和实施，快速发现和恢复系统故障，通过自动化、智能化技术实现大规模支付清算系统的可靠运营；五是云计算的能耗管理技术使支付计算仅依托规模庞大、拥有几万个计算节点的数据中心，就可同时实现资源集中和降低能耗的目标。

4. 人工智能支撑支付清算过程智能化

人工智能技术运用于支付领域，提高了支付的便捷性、安全性，促进支付业务创新，提升用户体验，提高运营效能，强化风险控制。未来，人工智能技术参与支付体系的要素整合，将会促使支付机构更加公平、有效地扩大服务范围。首先，人工智能通过人脸识别、语音识别、生物识别技术等创新手段改变传统支付方式，促使银行、非银行支付机构创新智能支付服务；其次，人工智能通过智能语音服务、智能投资顾问等方式为客户带来更快捷、更便利、更智能的操控体验，提升用户支付体验，提高客户黏性；再次，人工智能通过真人人脸图像与联网核查图像、客户身份证图像交叉比对，完成身份认证，缩短支付时间，提高支付行业的效率；最后，人工智能还可以通过将相关技术应用于账户管理、支付风险的智能控制、支付行业监管等领域，为支付行业的稳定发展提供保障。

5. 物联网支撑支付清算感受泛在化、感知化

5G应用于支付领域，可以提供拥有更加智能化的支付清算的移动互联基础设施，推

动第三方支付公司不断创新产品种类、革新支付模式、改善支付行业生态，为客户提供更加便捷、智能化的支付清算服务，优化用户体验，提升客户满意度，提升支付服务效率，提高自身运营效率等。

同时，5G 促使支付清算行业数字化程度加速提升，“互联网支付”升级到“物联网支付”，拓展支付服务边界，创新支付方式，推动感知支付的发展。一方面，5G 通过覆盖连接支付清算主体各个层面，使得支付服务逐步达到无处不在、无所不能的境地，即泛在化。通过开立支付账户，可登录物联网的身份验证和综合信息管理平台，关联一个物联网账户即可实现多平台登录；另一方面，利用指纹、虹膜、掌纹、掌静脉、声纹等进行个人身份鉴定的生物识别技术将使密码支付向识别支付过渡，即感知化。物联网结合大数据等技术，将支付行为与客户基本信息和财务状况等的动态变化相关联，可实现动态调整支付额度，帮助市场主体防控风险。

（二）金融科技变革支付清算设施的路径

1. 通过网联平台推进支付行业“断直连”

随着互联网金融的快速发展，众多的非银行支付机构通过与商业银行两两直连实现跨金融机构的资金清算，相当于支付机构变相从事跨行清算业务。这种支付机构和银行之间两两直连形成的支付市场相对封闭、相互割裂，交易过程中资金和信息不透明，容易形成监管真空，而且规模不断增加的备付金“息差”收益吸引众多支付机构参与。这种“直连”模式造成各商业银行的业务平台的重复建设，再加上支付机构风险管控水平良莠不齐，缺乏完备的风险防控体系，存在着潜在的金融风险传递链条，对金融业的稳定运行造成威胁。

网联是中国人民银行为非银行支付机构搭建的统一的网络资金支付清算平台，其建立和上线运行结束了原来的多头直连清算运行模式，克服了原先支付机构和银行之间“直连”清算模式的弊端，有助于建立开放性、整体性的非银行支付市场，进一步优化支付市场的竞争环境，形成更加和谐的创新格局。中国人民银行建立的与此配套的备付金存管制度，取消了支付机构的备付金利息收入，结束了支付机构“息差”式盈利模式，引导其回归主营的支付业务。非银行支付机构也加大了创新力度，逐渐实现向技术服务提供商的转型，利用自身技术优势，为企业用户提供技术支撑和服务；依托各种丰富场景朝金融化方向转型，多渠道为商户、个人客户提供泛金融化服务，通过“场景+支付+金融”不断开拓创新服务内容，开辟更多市场空间。

网联清算平台是国内首个全面采用分布式云架构体系搭建的重要金融基础设施，其通

过北京、上海、深圳三地建设的六个数据中心，实现平台系统交易数据高速、集中处理，规范化程度高、处理性能强。网联清算平台支持协议类支付和认证类支付两大类五大项基础支付业务功能，可实现从应用、服务器、数据中心到城市地域的多层级横向扩展，以适应网络支付规模的高速增长态势，并具备数据一致性等全面高标准技术特点，保障支撑海量网络支付业务并发处理。

2. 支付领域身份识别技术多样化、智能化

（1）以二维码技术为主要支撑的条码支付

二维码支付技术是一种基于账户体系搭建起来的新一代无线支付方案。二维码技术利用二进制 0 和 1 作为代码，同时使用若干个与二进制相对应的几何形体表示文字数值信息。条码支付是以二维码技术为主要支撑的，具有支付快捷、应用门槛低等优点，能够为线下实体商户提供快捷、安全的现场支付解决方案，无须安装 POS 机，只需一部智能机直接扫描用户手机上的二维码即可向用户发起收银。

二维码包括静态条码和动态条码。利用静态条码进行支付的，其风险防范能力最低，而且同一客户单日累计交易金额有上限；利用动态条码进行支付的，在使用条码收付款时，手机电子屏上的动态条码是更新的，不容易被替换盗用，风险防范能力比较强。

（2）以人工智能技术为主要支撑的刷脸支付

刷脸支付是基于人工智能、机器视觉、3D 传感、大数据等技术实现的新型支付方式，主要通过生物识别、机器学习等技术提高便捷性、安全性。而生物识别技术具有精、准、快等优点，进而提高客户体验和使用的安全性，能够有效降低欺诈和盗用风险，目前在手机解锁、身份验证、支付交易等领域应用广泛。

3. 跨境支付

（1）香港内地互通的“微信香港钱包”

2018 年 9 月，在中国人民银行和香港金管局支持下，腾讯与中国银联联合推出“微信香港钱包”。这是首个为香港用户提供的到内地跨境移动支付服务的电子钱包，香港同胞仅须携带一部智能手机到内地，使用微信香港钱包，即可轻松解决衣、食、住、行等领域的支付需求。香港居民在内地消费，只须打开微信香港钱包就可以直接进行扫码支付，所消费的金额按照实时汇率转化为港元再从消费者绑定的银行卡中扣除，省去了以前香港居民在内地消费时需要频繁兑换货币的麻烦。如果消费者想办理退款，资金会按照消费者支付时的汇率原路退回。微信香港钱包极大地优化了香港居民在内地的消费环境，使香港居民同样可以享受移动支付带来的便捷性和舒适感。

（2）区块链技术支撑的跨境支付场景多样化

第一，传统跨境支付。

跨境支付是指两个或两个以上国家或者地区的经济主体之间因国际贸易、国际投资及其他方面所发生的国际资金跨国和跨地区转移的行为。各国货币不同，经济主体的开户行不同，因而需要通过一定的结算工具和支付系统实现两个国家或地区之间的资金转换，最终完成交易。传统的跨境支付清算方式主要有电汇、托收、信用证，一般是通过 SWIFT 进行，整个支付过程参与方比较多，环节多，业务流程比较冗长，从资金汇出到收款人收到资金需要 2~3 天，而且费用很高，使一些较小额的跨境支付显得很尴尬，其成本和效率问题成为跨境支付的瓶颈。同时，传统跨境支付清算还面临资金收付双方的信用风险、金融机构人员因素产生的操作风险、互联网安全性问题等。

第二，区块链支持的跨境支付。

区块链具有去中心化、信息不可篡改、开放透明、风险低等特性，跨境支付区块链充分发挥了这一分布式记账技术的特点，将跨境支付的参与方连接起来，建立互信链接平台，实现互联互享，可以提高交易透明度，降低资金风险，减少交易环节和成本，加快结算和清算的速度，从而极大地提高跨境支付的效率。

跨境支付引入区块链技术，首先，汇款人根据需要向汇款行提出汇款申请，汇款行根据汇款申请、收款人信息选择链上最佳汇款路径，确定收款行，并发起清算，包括汇款行账户行、清算行、收款行账户行在内的链上相关节点均会同时收到汇款和清算的请求；然后，它们再根据汇款指令确认资金转账，完成清算；最后，收款行向收款人发出资金到账通知，完成跨境支付。

跨境区块链支付的特点主要有：①区块链建立在一种全新的信息网络架构基础上，克服了传统支付方式过度依赖中心化系统的弊端，资金收支两端客户都能随时自主掌握资金收支的相关信息，极大地提升了两端客户在链上的地位和话语权。②由于区块链是一种全新的分布式账本技术，链上每个支付节点都是参与方，都是账本的记账人，都可以随时查询资金跨境支付的信息，都可以共有、共享每个相关节点上的信息，并能够检测、验证资金划转和清算的过程和结果。也就是说，对相关节点来说，整个跨境支付过程都具有很高的透明度，汇款收、付涉及的金融机构对相关汇款责任一经确认，无法更改。③整个支付流程更加简单化，而且不需要第三方参与，大大节省了汇款费用。④各参与机构只有达到跨境区块链要求才能上链成为链上节点，才能参与资金跨境支付与清算，并同步获取资金支付、清算的信息。⑤跨境支付区块链可以实时自动完成账本信息的核对，保证链上资金转账信息的准确性，而且信息公开，具有很高的透明度，无须对账。当然，链上各参与方

也可以随时查询、检测、验证这些信息。⑥跨境支付区块链具有很强的兼容性，可以兼容以往的资金支付与清算的模式，金融机构能够快速以较低成本上链参与交易。⑦跨境支付区块链具有很强的包容性和抗干扰性，整个系统的运作不受某一节点运行状况的干扰。⑧监管机构也是链上一个节点，可以对链上资金清算等进行实时监督，保证资金支付和清算过程合规化。

三、征信科技的变革创新

信用是现代商业社会的支柱，现代经济是信用经济，信用关系错综复杂，建立高效快捷的社会信用体系，可以极大地缓解金融市场中资金交易的信息不对称问题，减少由此带来的逆向选择和道德风险可能引起的损失。

（一）金融科技变革征信体系的逻辑

征信技术是征信体系的重要保障，传统征信体系的技术架构不利于金融行业的长远发展。在金融科技快速发展的今天，推动人工智能、区块链、大数据、物联网等新技术在征信行业的应用，发展信用科技，将改变传统征信行业的服务模式，推动信用评估的智能化，提升信用价值。借助机器学习和人工智能等技术手段可以对征信数据进行深度挖掘和风险分析，借助云计算和移动互联网等手段可以提高信用服务的便捷性和实时性。深度挖掘互联网大数据信息，开发大数据风控模型，更加精准地评估风险，逐渐成为新一代信用风险识别领域的核心问题。利用科技创新，金融机构可以实现精准营销、高效获客、有效风控、标准定价等，显著提高运营效率。

1. 大数据、云计算等技术提升征信数据挖掘的广度和深度

大数据征信是将大数据技术应用到征信活动中，利用互联网信息技术优势，将经济主体在金融活动、场景消费及其他各种社会活动中的海量非结构化数据整合起来，经过数据挖掘、清洗、分析后，利用信用评分模型将其加工融合成信用评估分数，作为衡量经济主体的还款能力、还款意愿、欺诈风险等的依据，进而判断其信用风险水平的高低。

（1）扩大信息来源覆盖人群

传统征信主要覆盖银行类等持牌金融机构有信用记录的人群，而大数据征信还覆盖了其他人群，包括来自法院、税务局、社会保险、公积金管理中心等政府部门，以及电信运营商、物业公司、医院、互联网企业、电商平台等第三方服务机构的客户，不仅可以利用传统征信数据，还采用大数据技术获取了用户日常行为方面的信息，数据信息范围更广泛、更全面，满足第三方支付以及互联网保险等金融新业态对身份识别、反欺诈、信用评

估等多方面的征信需求。

（2）拓展信息来源维度

大数据征信具有数据量大（Volume）、种类多（Variety）、速度快（Velocity）、有价值（Value）、准确性（Veracity）的特征优势。大数据征信的数据信息来源不仅包括金融机构、政府机构和电信部门提供的个人基本信息、账单、信贷记录、违约记录等，还囊括了人们的互联网行为轨迹、社交和信用评价等信息，包括人们的网上购物消费记录、网贷、缴费、签证等。如腾讯信用数据包括 QQ、微信、财付通、QQ 空间、腾讯网、QQ 邮箱等多种服务渠道的海量个人用户，通过用户在腾讯系产品留下的大量有价值信息，同时凭借其在人群覆盖、用户活跃度及产品特点上的显著优势，依托社交、支付、金融、社会等多个维度，一定程度上反映了信息主体行为习惯、消费偏好、社会关系等，很好地弥补了传统征信体系的不足。同时，这种内部交易信息获取或外部数据库接入等方式，成本较低，取得的数据经过动态筛选、实时跟踪、数据清洗与加工，其信用结论更有针对性和时效性。

（3）应用场景更丰富

大数据征信不单单用于传统的信贷等经济金融活动，还逐渐延伸到生活领域，例如，芝麻信用已经用于信用卡、消费金融、融资租赁、酒店、免押租房、免押出行、婚恋、分类信息、学生服务、公共事业服务等上百个场景。考拉征信推出了面向政务、商务、社会、法务、个人的全方位信用服务体系，可应用于信用卡申请、投资理财、衣食住行等场景。

（4）信用评估技术更全面

大数据征信在数据采集、存储、分析和模型构建环节利用新技术，对数据进行创新应用。利用网络爬虫技术实时抓取信用主体的互联网数据；利用区块链技术存储复杂的数据信息；利用数据挖掘技术探索变量之间的相关关系；采用机器学习方法打造个人信用评分卡。运用大数据技术，通过建立征信模型，对信用主体的各种金融信息、生活信息等进行深度挖掘，能够比较准确地发现经济主体的行为规律，预测其信用活动的履约能力、违约概率、履约意愿等信用指标，得到实时计算的结果，提升量化风险评估能力。征信将传统建模与大数据建模结合起来，对个人信用信息进行评分；利用丰富的信息资源，从不同维度对数据进行信用信息认证；利用大数据技术融合和分析多维信息，形成综合性的个人信用报告；建立“数据+规则+模型”的大数据风控云体系，让风控系统更加精细和智能。

2. 区块链技术提升征信数据的共享度和准确性

区块链技术的核心特点是通过密码学、共识机制、时间戳等技术手段，在分布式的网

络下，构建一个安全可信的运行环境，实现全局一致的共识账本。区块链通过技术来保证各方拥有完整一致的信息数据副本，保证任何数据的变更都能够及时同步到各方，同时防止任何一方私自篡改数据。由此，可以实现多方对等的点对点交易、协调和协作，消除单点依赖的数据安全、协同效率和风险控制等问题。所有能够参与的信用主体，必须获得区块链联盟成员的认可，在准入要求和可信度以及管理方面都得到很大提升。经过多年的发展和演化，区块链技术的独特优势不断显现，它实现了分布式对等网络的多方平等、共享记账，并且保证所有账本信息一致、不可篡改。

区块链在征信行业应用的优势体现在以下三个方面。

（1）打破数据孤岛

以用户作为数据的聚合点，连接各个企业与公共部门，在各机构、各行业间安全地共享数据，解决数据孤岛问题。

（2）加强隐私保护

区块链是一个分布式共享账本，征信区块链上各节点共享信用信息，但交易尤其是一些大额交易涉及商业机密，交易主体的隐私保护一直是区块链技术发展过程中的难题。经过近几年的发展，以密码学技术为基础建立的各种用户可以自控的隐私保护方案，使征信链上各个金融市场主体在共享信用信息的同时，避免数据被恶意攻击或窃取，保证数据的高安全性，由此加强个人隐私保护和风险控制，提高整链协同效率。

（3）降低人工与柜台等实体运营成本

区块链技术能够将征信链上每个节点的信用信息自动同步到链上其他各个节点账本，数据无法篡改、伪造，无须对账，而且具有可追溯性。这样就可以彻底消除传统征信方式成本高、信息不对称、客户信息泄露等问题，在提高效率的同时，避免使用人工所带来的操作风险、低效率、高成本等弊端，为征信各方提供了一个有技术保障的、可信赖的共享信息平台。

（二）金融科技变革征信体系的路径

1. 信链——基于区块链的去中心化征信平台

信链（Trust Chain）是一个基于区块链去中心化技术建立的低成本、无边界、自主可控的数字信用共享生态平台。用区块链奖励机制鼓励用户数据上链，在区块链上建立一个可信任的网络，让各个行业的大数据都可以互相交换，实现互信、共享，远离数据垄断，让个人信用信息在去中心化的链上完美展现，不缓存数据，而且保护个人隐私、保护数据所有权，并通过区块链不可篡改技术有效遏制造假及匿名交易。

信链征信平台安全性能高。非付费查询者、非授权者不可访问；各方征信数据库不与链上系统项联通，联盟成员亦无权访问，确保商业机密及个人隐私不被泄露；采用数字签名及区块链技术确保安全性，可避免服务器受攻击、数据泄露。

信用产品模型主要由风控系统、代扣系统、企业数据库、IAPI 接口、数据记录区块及查询付费系统等组成。其中，风控系统、代扣系统、企业数据库、IAPI 接口属于链下系统，数据记录区块（记录机构放贷记录、借贷者还款记录）、查询付费系统（包含智能合约）属于链上系统。

信链通过点对点交易去除不必要的中介环节，降低经营成本及协作成本，有助于构建多方对等参与的价值共享生态。信链可以为小微贷企业提供更加可靠的风控信用结果，记录放贷信息，提供代扣资金还款通道，并记载还款记录，为其资金安全及业务运营提供强有力的支持；为银行、保险等金融机构提供专业第三方的风控信用数据，供其进行业务审核使用；链接其他金融机构的风控系统与信誉评价系统和自选使用的借贷资金代扣系统，通过构建强大的金融评估数据库，助力传统金融机构向金融科技方向转型，为借贷双方提供快捷的借贷企业代扣资金服务通道。

2. 信联——区块链与个人征信的结合

2018 年 5 月，百行征信（俗称“信联”）挂牌成立。这是一家市场化个人征信机构，是对以中国人民银行为中心的征信系统的补充。百行征信既拥有传统征信中心的结构化金融数据，又有生活、电商、小贷、网络图片、视频、聊天记录、互联网金融机构的非结构化数据，为金融机构、网贷平台、互联网公司、民间借贷等借贷业务风险评估提供依据。百行征信机构产品设计更加丰富，不仅仅是数字信息，除征信报告外，八家征信机构都有自己的评分，还有更深层次的模型、精准营销、大数据服务等。

由于涉及多家信用科技类参股公司，如果各个公司之间分享数据，就会带来更大的数据泄露风险。百行征信积极探索区块链技术与个人征信的结合，以联盟链、公有链的形式维护与储存个人数据，有效防止篡改信息，保证信息的真实可靠，并在保证信息主体个人隐私安全的基础上，自主控制上传数据和信息。

百行征信的出现，是我国个人征信业发展史上具有重要意义的事件。随着更多符合要求的个人征信科技机构的出现，我国将构建起功能互补、多层次的个人征信市场体系。

四、监管科技的变革创新

（一）我国发展监管科技的必要性

1. 监管任务繁杂与监管体系力量薄弱之间存在矛盾

随着我国经济的发展，金融机构发展壮大，金融机构的业务规模不断扩大，业务范围不断扩展，业务复杂程度不断提升。

2. 金融风险“全程动态化”与传统监管“结果静态化”之间存在矛盾

众所周知，金融风险多种多样，而且随时可能发生并给金融机构带来损失，即风险具有全程化的特点。

但是，传统的金融监管是结果监管，是一种静态监管，仅仅在规定的报告期末，金融机构向监管部门提交其相关的财务指标，这样导致金融机构可能只选择在报告期末这个单一结果时间点满足监管要求，而在其他时间无视监管要求，即“橱窗粉饰”（Window Dressing），或者说过程风险无法有效监控。这也迫切需要有新的监管技术对金融机构经营过程进行全程动态监管。

3. 金融风险交叉性、隐蔽性与传统监管方式的行政化之间存在矛盾

随着“互联网+金融”的不断深入，金融创新程度不断加深，互联网金融机构不断涌现，业务种类和规模不断增加，传统金融机构也纷纷创新业务发展模式，开展业务经营网络化过程，直销银行数量大增。在这个发展过程中，交叉性、关联性风险急剧增强，风险结构日益复杂，金融风险隐蔽性增强，传统行政化的监管方式很难及时发现、监控和规避这些隐蔽的风险，迫切需要引入新技术提高监管水平。

（二）监管科技发展的技术基础

随着金融科技的发展，金融创新层出不穷，随着云计算、大数据、生物识别、人工智能、区块链等新技术在金融领域的探索与应用，金融机构利用新技术，不断优化业务流程和服务手段，推进技术架构转型升级。与此同时，由于监管法律缺位和监管技术滞后，基于互联网的P2P融资平台、商品交易平台、投资理财平台等群体事件的爆发，也说明金融行业蕴含很大风险，监管部门也需要与时俱进，积极利用先进的技术，提高金融监管的效率。在众多支撑应用的技术中，云计算、大数据、区块链、第五代移动通信技术（5G）等可以为监管科技提供核心技术基础。

1. 云计算应用于监管科技

云计算是一种通过网络将可伸缩、弹性的共享物理和虚拟资源池以按需自服务的方式供应和管理的模式。云计算与金融监管相结合，应用于构建自动化监管机制，提升金融行业合规程度。从部署的方式以及服务客户范围来看，云计算可分为公有云、私有云以及混合云三大类别。而金融监管机构出于对消费者数据隐私的保护以及网络安全的担忧，一般不接受通过公有云的方式访问自身数据，很多情况下仍须将服务器部署在自身机房，私有云可满足其监管信息保护的需求，在使用云服务时兼顾自身数据安全，避免公有云可能带来的信息泄露和网络风险。

2. 大数据应用于监管科技

互联网行业从诞生起就是充分应用大数据的行业，近年来，大数据技术在金融机构营销、风控、业务运营领域均发挥了重要的价值。

在传统的监管体系下，对金融业数据呈现的碎片化现象缺少必要的分析工具，只能依赖人工判断，难以发现潜在的风险，很多时候只能事后监管，难以预先防范风险。对金融监管机构而言，依托大数据技术可提升监管决策水平与防范金融风险的能力，同时降低被监管机构的合规成本。首先，监管机构从不同的数据源头、不同的数据表头、不同的数据格式中进行数据萃取，萃取过的金融数据要进行清洗加工和数据转化，并将转化好的金融数据上传至监管数据库；其次，利用分布式计算技术，可存储监管部门的海量金融数据；最后，利用编程模型可快速、实时计算监管对象相关监管数据结果，还可以将复杂的大容量金融数据计算问题分解成多个子问题进行处理，数据处理难度大幅降低，计算效率也很高。

3. 区块链运用于监管科技

区块链赋能监管科技，在应用层面结合智能合约（一种旨在以信息化方式传播、验证或执行合同的计算机协议）的技术可以极大地提升监管效率、显著提升数据报送的准确性、强化 AML（Anti Money Laundering，反洗钱）与 KYC（Know Your Customer，了解你的用户）的效率、构建实时自动化的监管模式、加强金融监管的统筹能力。

（1）可以保证监管系统获取全链信息

区块链技术应用于金融监管，建立监管区块链，仍然是以中央银行为金融监管中心，以商业银行等金融市场主体为链上节点，每个节点都平等地参与到各种金融活动中，这些结构化和非结构化的交易信息都会全面、准确地记录在账本中，每个节点都进行了备份，而且全链共享，无法伪造和更改，可以有效克服原来数据孤岛、数据分割带来的监管真空

等问题。而且由于区块链技术的兼容性和容错性特点，即使监管区块链上某个节点信息遭到破坏，也可以快速及时地从其他节点获取真实信息，保证整个监管区块链系统的正常运行，为监管系统获取全链信息、提高监管速度和监管效率提供保证。

（2）保证了信息数据记录时间的不可篡改

监管区块链使用公私钥加密算法，保证了信息数据的不可篡改。区块链采用的共识协议机制可以保证链上各节点交易信息的真实性，而且只有得到全链认可才能记录在链上每个节点，保证信息数据记录时间不可篡改。这种提供永久存储和加密信息数据的监管共享执行系统，通过加快速度和自动化，大幅降低监管成本。

（3）区块链各个节点的信息公开透明

除私有链外，区块链的设计是透明的。监管区块链上参与金融活动与交易的主体的账户信息都在链上得以登记，并永久记录、保存下来，这些信息对链上所有节点都是公开透明的。与传统监管方法相比，各级监管机构可以更及时、更全面、更准确地实施监管，有利于降低监管成本。

（4）自动化编程技术实现实时监管

监管机构监管区块链上的重要节点，链上金融市场参与主体的一切活动尽收眼底。通过与大数据、人工智能技术的结合，借助智能合约，监管区块链通过设计访问数据共享的模式，无须其他组织或机构干预，可以自行完成相关信息的收集、存储、协调和汇总，打造能够实现事前、事中、事后的实时、动态、全流程监管科技架构，降低监管成本的同时提升监管效率。

4. 5G 应用于监管科技

传统监管方式下，监管机构主要依据金融机构的历史数据进行风险预判，缺乏进行实时跟踪了解的手段，而互联网拥有丰富的线上大数据，尤其是5G时代万物互联，通过物联网，能够解决这些问题。

通信的本质是互联互通，5G应用于监管科技，通过虚拟经济和实体场景链接，突破之前依赖存档历史数据的限制，获取更广维度的金融监管数据，通过构建可信度更高的金融监管评价体系，对金融机构进行动态监管，可以更加精准地识别风险，进一步提升监管的准确性。

第二节　金融科技发展的机制保障

一、金融科技发展的政府引导与支持机制

政府通过发挥自身职能效用构建机制，支持和引导金融科技发展，在健全金融支持体系、保障金融长期稳定以及促进创新方面，取得了一定的成效。但是在金融科技发展中，政府机制仍然存在不完善的部分。

（一）现有政府引导与支持政策的特点

1. 阶段性特征表现

根据前述章节的梳理，我们发现在推动金融科技发展的过程中，国务院、各部局委、地方政府、相关职能部门分别从金融科技战略规划、金融科技投入、金融科技担保、金融科技市场等不同层面出台了一系列相关政策，指引着我国金融科技深入发展。这些政策在不断推进科技创新、金融体制改革的同时，也在金融科技结合发展方面具有一定的保障作用，并呈现出了明显的阶段性特征。

首先，从支持政策的颁布以及参与机构的变化中我们可以发现，在近 15 年的金融科技支持政策演变进程中，参与的机构从单一的中央机构（如国务院、银保监会等）逐渐演变为多元化、多层次机构共同参与（如地方各级政府机构）。

其次，从支持政策的内容涉及度的变化中我们可以看出，2006 年至今，我国的金融科技政策广度不断拓展，即从简单地提出阶段性金融科技规划，到实施针对性更强的不同地域的政策，再到出台以金融科技融合来推动中小企业、农业等的发展进程的综合性政策。

2. 中央与地方政策互补性特征表现

通过前面章节对支持金融科技发展的政策和相应的指导意见进行梳理和分析可以看出，中央和地方政府在政策法规的总体方向上是一致的，但所发布政策的施行范围不同，政策内容侧重不同的方向，形成各自的特点。中国人民银行和国务院等中央政府部门颁布的政策和指导意见，是在全国范围内实施的，既要作为地方政策的风向标，同时也要照顾到全国金融科技发展的整体质量，对整体产业进行指导，比如对于制造业和中小企业的发展。此外，中央政府的指导意见和政策会兼顾金融科技的普及范围和技术创新，推广基础

设施建设和完善相应的保障措施，鼓励推动金融科技的成果转化和创新。

地方政府机构发布的相应政策则是因地制宜，根据地方的特点来合理推动金融科技的发展。比如，以中央政策为基础，建设地方的金融科技基础设施，但在基础设施建设上，会根据地方特点来确定不同的发展方向。

中央和各地政府的政策各有侧重和特点。中央颁布的政策和指导意见结合全国发展情况，根据制造业、金融业等多种产业的发展情况来构建引导机制，侧重对中小微企业进行金融科技相应措施的指导，也侧重于金融科技相应基础设施和保障措施的完善。而地方政府印发的地区性政策、指导意见和发展规划，都是以建设金融科技领先城市为出发点，鼓励和支持金融科技产业的发展，制定相应的优惠政策，加大引进人才的力度，为金融科技类企业划分聚集区，并加快聚集区相关基础设施的建设，以促进聚集区企业的发展；侧重于用金融科技相互合作的企业、机构和项目来打造金融科技的高度发展区域，用该区域带动整个城市金融科技的发展，从而为城市的实体经济发展服务。

（二）现有政府引导与支持政策的实施效果

1. 政策的积极效果显著

在相关政策的鼓励和支持下，我国的金融科技发展在多个领域都已获得不菲的成绩，如腾讯、冰鉴科技、国泰君安证券、蚂蚁金服、中国平安、基金公司和各类银行等都有着自身丰富的金融科技创新经验，也都有着脍炙人口的金融科技结合的成功案例。尤其是银行业，在金融科技发展的进程中独树一帜。

2. 政策支持力度仍有不足

如今我国的金融科技发展态势迅猛，因此，很多人会认为我国的金融科技水平与国外相比已经拔得头筹。

（三）政府引导与支持机制构建的框架设计

1. 政府引导与支持政策改进的总方向

金融科技支持政策在未来的改进中应首先树立金融科技的主旨目标，重点着手于逐步构建清晰的政策脉络。

政府相关部门应与“一行一委两会”监管机构等共同出台一个有关金融科技结合宗旨的基础性政策文件，如“金融科技战略规划”，并在总规划中为相关的金融科技政策设立一个清晰合适的目标，如“金融科技要致力于打造高新技术创新与经济发展之间的通道”

的政策性大目标，以此来解决协同性低的政策性问题。

同时，今后的金融科技政策改进还应以总规划为基础逐渐建立一个协调完善的政策体系。完善的金融科技政策体系应该以金融科技核心目标等综合性文件为起点，不断地进行拓展和演变，其具体内容应该包括金融科技担保政策、金融科技监管政策、金融科技资金投入政策、信息披露政策等。清晰的金融科技政策脉络可以不断引导我国的金融科技向着透明、高效的方向发展，同样，可以让相关的支持政策更好地服务于金融科技结合的整体进程。

2. 政府引导与支持机制的构建

要综合协调各体制机制，消除科技和金融之间融合的障碍。要从国家层面强调发展金融科技的重要性，以此调动政府相应部门的创造性和积极性，促进政府各部门通力合作，能够更高效地施行政府对金融科技发展的引导和支持机制。首先，要强化机制的前瞻性、主动性、针对性，逐步完善金融科技政策的服务体系，健全财政支持体系，完善财政专项投资的资金管理体系，创新财政资金使用体系和财政投资评审体系，充分发挥财政资金杠杆和引导作用，推动金融科技企业的发展；其次，要健全金融支持体系，加强引导金融科技企业的集聚，参考国际上对综合金融改革的成功经验，根据各地区的产业基础选取适合的科技与金融互动模式，以此促进科技的创新和金融产业的集聚。具体来说，须构建以下子机制。

（1）完善金融科技创新机制

无论是金融科技企业还是传统金融机构的金融科技模式，都离不开创新这个“生存养分”，其给企业的金融科技发展带来了源源不断的活力。与金融科技制度创新相关的政策应从两个方面入手：首先，应不断推进金融机构的制度创新。例如，在科技担保方面，金融机构应不断对两者之间的合作模式进行创新，以信用担保、资金担保等担保形式建立高效的金融科技担保体系，同时还应不断创新金融工具、开发多类型金融衍生品，以确保自身和科技企业之间相关担保业务能够更好地开展。其次，应不断坚持科技企业的成果创新。例如，推进科研成果转化、科技产品的产业化。在增强科技企业自身实力的同时吸引金融投资者注资，加强其与金融机构间的联系，推动金融科技结合发展。

（2）完善金融科技发展的环境优化机制

金融科技发展的生态环境影响着其运行效率和发展水平，是金融科技正常、高速发展的基本保障。金融科技的发展离不开政府的支持和引导，中国在这方面也不断出台政策和指导意见，有大方向的战略部署，也有根据金融科技发展需求制定的指导政策。比如财政科技投入类，科技信贷、风险投资类，以及科技资本市场类等，用于优化金融科技发展的

政策环境。但总体而言，我国对于优化金融科技发展环境的相关政策法规还有待进一步加强，政策效果也需要进一步提升，机制的系统性、高效性、完备性还有待完善。

(3) 完善金融科技中心和金融科技园区平台建设机制

我国出台的有关金融科技结合的政策缺乏对于金融科技平台建设内容的涵盖，使得我国的金融科技中介服务平台缺失，中介平台多元化建设与中介服务体系还不完善，令我国的科技企业和金融机构之间难以有效迅速地实现对接。

举两个例子来加以说明。第一，当信息共享平台缺失时，会使我国的科技企业和金融机构的合作由于信息的不对称而无法深入精准沟通，进而使两者的合作发展进程进入窘境；第二，信用评估平台的建设也具有深刻的意义，良好的信用体系可以有效地降低在金融科技结合过程中双方参与者的风险承受度，依靠信用平台专业的信用评级和贷款担保"门槛"的设置来建立一个公平、公正、诚信的金融科技发展环境，更好地为金融科技结合发展保驾护航。因此，我国未来的金融科技支持政策的新方向应是不断地推进平台建设，促进多层次的金融科技服务体系的完善。

(4) 完善法律制度管理机制

金融科技的健康、稳定发展，需要行业、社会和政府共同努力去维护。而政府制定相关法律法规的管理制度，可以有效地约束金融科技在可控范围内进行技术创新和突破。所以，要完善法律制定管理机制，强化相应的法律法规，规范金融科技建设，构建高效、完整的保障体系。另外，完善法律体系要随着金融科技的多元化产业发展逐步落实，制定金融科技各种产业的行业标准，要细化、精确到产业的各个领域。从主体的基本原则到各方向上的产业要求和制度都要一一落实，层层落地。

(5) 建立投资引导机制

对于企业的投融资，依靠金融科技的信息技术虽然拓宽了融资渠道，提高了融资效率，但还是无法满足众多中小微企业的融资需求。因此，要通过政府的引导和支持，以财政预算为基础对各种商业金融资本提供相应的优惠政策，比如，对风险投资机构、商业银行、保险公司等金融机构进行业务亏损的政策补偿、风险补偿、财政补贴等。通过一系列举措向资本市场和金融机构发出信号，提升它们对中小微企业投资的信心，降低风险，吸引更多的资本参与。通过与金融科技的前沿技术相结合，最大限度满足企业的融资需求。

(6) 建立组织管理和协调机制

金融科技的多元化发展的基本特征和优势是跨区域、跨行业，与各个行业相融合，使行业的发展更加智能化和数字化，但这也是金融科技产业难以管理的原因。因此，需要政府主导构建金融科技的统一管理和协调机制，节约社会资源，提升管理效率。这就要明确各级政府对于金融科技相关产业的管理职能，各部门分工明确，全面覆盖，同时也要加大对金融科技企业集中整合的力度，集中资源来提升管理效率，发挥政府和市场的共同作用，鼓励金融科技发展的不断创新。

（7）完善复合型人才培养长效机制

在金融科技产业融合发展的机制设计中，关键是要培养金融科技复合型人才。金融领域的不断对外开放，各种跨国业务的开展，越来越需要国际型高科技专业人才。其中，兼备金融专业知识、掌握金融科技和风险管理等知识和技能的复合型人才更是急需。金融科技复合型人才的培养是一个系统工程。首先，需要在新文科大背景下，通过高等院校和科研院所掌握基本理论知识、提升基本理论素养；其次，需要地方金融机构或监管当局结合金融科技发展实际建立人才培训及选拔机制，以期培养理论与实践结合的人才。金融科技重构下的金融基础设施建设需要以专业的高科技人才为依托，人才已经成为影响中国金融科技和金融基础设施发展的重要因素。在各项金融业务中，应建立人才分析数据库，利用大数据、人工智能等分析人才队伍并对其进行客观的评价和任务分配。完善评价机制以对人才进行管理，利用互联网的优势挖掘并培育专业化人才，增强科技人员的创新和专业化水平。在开放的环境中，更应以各种方式激励人才，提升其获得感，充分体现其个人价值，增进归属感。个人也应该适应时代大方向，充实自身的知识，并提高技能，以应对多元化人才市场的竞争。无论如何，加强人才队伍建设都是中国金融基础设施发展的重要支撑。

二、金融科技的监管机制

（一）金融科技风险的新特征

金融科技是金融和科技的深度融合，它能够显著提升金融效率，更好地实现普惠金融和促进经济增长。同时，作为一种破坏式创新，除了操作风险、市场风险等传统金融业面临的常规风险以外，金融科技还面临着一些新型风险，有着更鲜明的风险特征。

1. *扩散性与连锁性更强*

传统金融体系下，信用在以商业银行为主体的中介机构中传递，风险也在可控的范围内形成，扩散性和连锁性不强。但在以大数据、人工智能等科技手段为底层基础的金融业，各参与主体之间的界限逐渐模糊。如金融创新模式“区块链+供应链金融”，当链上的某个环节产生了风险，就有可能引发整个系统的连锁风险。大数据将经济社会的各个领域相连，金融领域的风险会扩散到其他领域。数据将是金融科技发展的制高点，而数据的

传输在新兴科技手段的助推下会摆脱时间、空间的限制，快速在包括金融领域的整个经济社会传播，易形成系统性风险。金融科技的深度融合带来金融业态、金融模式的颠覆性变革的同时，也会使风险在不同市场上迅速扩散，金融风险会在范围、幅度、深度上加剧传播，影响整个金融系统的稳定。金融市场参与者有相同的行为，强化了市场共振和“羊群效应”，放大了市场波动性，增加了系统风险。操作风险大大增加，小的技术问题可能导致极其严重的损失。

2. 隐蔽得更深

金融科技具有创新度高、技术性强、传播速度快等特点，但在追求技术突破的同时，缺乏对金融科技产品的审查和实验，过于追求技术，而忽略了金融的本质，这类金融产品在应用时蕴含了巨大的风险，而且还不能简单快速地被我们所辨识。这种风险的潜伏期长且不固定，还有可能因为各种因素越来越严重，但是并不能被我们所发现，在完全爆发时想要快速化解是不现实的。比如，农药对农作物有利，但对自然环境会造成威胁，但威胁多大，具体怎么样，我们不能够确定到具体的数值。从这就能够看出科技风险的隐蔽性有多强，是人类技术还不能够完全解释的。金融科技领域亦是如此，并且隐蔽性更强。

3. 监管难度更大

传统金融的监管主要是以实体金融机构为落脚点，其监管过程比较单一。而金融科技领域则主要依托大数据、人工智能等新兴技术，传播速度快、传播广泛、隐秘性强等特点显而易见。传统金融监管体系对金融科技领域的监管效果受到影响，由此形成金融科技监管的真空地带，其监管难度远远大于传统金融的监管难度。监管难度主要从两个方面来考虑：一是对金融科技监管的能力有所考验。由于近几年金融科技发展迅速，对于金融科技专业人才的需求增加，而需求则远大于供给，监管人员势必会有一段时间的紧缺，这就需要发掘和培养金融科技监管人才。二是在传统金融的监管体系下，监管流程和内容已经趋于完善和成熟，但原有的监管技术和监管体系无法满足金融科技的监管需求，就要顺应金融科技的特点进行改变。

（二）金融科技风险产生的原因

金融科技的发展目前还处于起步阶段，但是其传播的快速性、广泛性以及隐蔽性等特点产生了许多金融科技新型风险，如利用金融科技恶意骗取贷款、洗钱、信用卡套取现金等，会影响金融的稳定与安全。技术进步导致了金融产品和金融市场的复杂性，也增加了金融风险。金融创新加剧了风险的扩散，也加快了传导速度。风险产生的原因在于不对称性以及金融科技自身的脆弱性。

1. 不对称性

(1) 金融数据规模与质量的不对称

在大数据时代，不同主体对金融数据掌握的程度不同。类似阿里和腾讯这类超大型公司的数据规模远比国家部委以及大型金融公司的数据规模要大，所以，阿里巴巴和腾讯旗下的大数据可以支撑旗下的金融科技板块业务，而传统金融企业掌握的数据则远远少于这两家企业。阿里和腾讯无疑能提供更加精准和多元化的金融科技产品给更多层次的用户。

金融数据规模与质量的不对称则会在各个环节产生风险。例如，数据搜集能力较差的传统金融企业以及小规模金融科技企业对客户数据搜集的不对称，会导致其产品受众群体较小、产品种类缺乏等一系列风险问题。

(2) 金融科技行业与参与者的信息不对称

市场参与者在进行交易时需要获得多方位更详细的信息，然而在金融科技时代，传统的信息披露要求很难消除信息不对称。一是因为市场主体常常会选择披露对自己有利的信息，隐藏对自己不利的信息，而将风险转移给交易对手，从而产生道德风险；二是那些高收益背后隐藏的高风险往往会被资质比较低的市场参与者忽视，进行超过其风险承担范围的金融交易，容易产生逆向选择风险，一旦经济形势下滑时，则会发生“跑路”“关门”等现象；三是金融科技的网络化及数字化特征可能会强化金融风险的负外部性，一旦风险状况出现时，市场参与的各方不能准确评估交易对手的风险状况，就容易在最坏的假设情况下进行风险处理，从而导致一系列不利的连锁反应。

2. 脆弱性

金融科技在发展起初具有一定的脆弱性，即过度关注科技本身的发展，而忽略了非科技因素。

(1) 金融科技发展与法律法规不匹配

目前，我国的法律法规难以跟上金融科技快速发展的节奏，当有新的金融科技型创新产品出现时，原有的传统金融模式下的法律法规就难以约束金融科技的一些不良行为。

(2) 金融科技平台自身管理的问题

虽然通过金融科技平台能够在虚拟网络中进行交易、支付和投资等金融活动，提高了资源配置效率，但是由于平台自我约束机制不完善，平台监管机制不健全，金融科技平台内部可能就会出现信用信息的恶意泄露等问题，放大了金融风险。

(3) 金融科技风险专业人才紧缺

传统金融模式下的传统金融人才已经趋于饱和，金融科技复合型人才紧缺，尤其缺少金融科技的日常维护、内部控制以及合规分析方面的人才。此外，软件研发工程师、云平台构架师、Java 架构师、高级产品经理等岗位人才仍是传统金融机构在进行金融科技布局时所急需的，这些人才的缺乏会降低金融科技持续发展的韧劲。

（三）监管机制的构建设计

金融科技监管机制的构建需要有一定的时间和过程，要遵循分步走、部门之间相互协调、多种技术相互融合的原则。从部门来看，需要使国家层面、金融机构层面和行业层面互相协调。从技术层面来看，需要将大数据、人工智能、移动互联网、云计算、区块链等相互融合，而非相互独立。

1. 构建的原则与重点

（1）国家层面

从国家层面来看，需要做到宏观层面的监管机制构建。例如，制定与金融科技安全相关的政策，创造一个安全的金融科技环境，加强对金融科技基础设施的建设，从而减少或是杜绝金融科技风险的发生。从国家金融体系数据安全和金融主权安全着眼，我们必须掌握主动，从技术上提出规范标准和架构设计，更好地维护国家金融安全。事实上，近年来已有一批金融科技领域的基础设施落户，例如，专门从事法定数字货币技术应用研究的央行数字货币研究所。在国际开放的环境背景下，监管当局需要进一步大力推动诸如支付清算、业务运行指导窗口、金融科技运行平台项目融资平台、征信与信用基础设施等基地平台的建设，以适应金融科技多样化的需求，助力金融基础设施的国际化布局。

（2）金融机构及行业层面

从金融机构层面要着重于建立合规的内部控制政策来防范金融科技风险，并且与政府金融监管者互相协调，共同建立金融科技监管的有效机制。金融科技行业发展与金融制度不相适应也是产生金融风险的重要缘由之一，因此，必须解决阻碍金融科技健康发展的体制机制问题，为实现金融的高质量发展扫清制度障碍。从监管体制方面来说，在现有以宏观审慎管理为主导、“一委一行两会”监管的基础上，进一步明确和细化各金融科技监管部门的职责和定位，积极推进组织方式、管理模式、治理结构的调整优化，突破监管部门间的壁垒和利益固化的藩篱，重新梳理权责义务，提高跨部门、跨区域的协同监管能力。行业内部也需要建立监管委员会，对最基层的金融机构进行自主风险化解和防范。

2. 机制构建的框架设计

(1) 完善金融科技信用体系及举报机制

为防范金融科技信用风险，首要的任务是完善中国金融科技信用体系，加强金融科技类企业信用保障，确保信用信息公开透明，提高投资者融资信心，这是基本的制度保障。由于金融科技风险具有传播速度快、隐蔽性强等特点，应加速区块链和物联网的融合，利用区块链的可信特征与物联网的可追溯性建立信用机制，提升可信水平，防范金融科技信用风险的发生。还要从国家、行业以及客户三个方面及时发现和解决企业应用金融科技的风险。例如，加快建设数字技术监管举报平台，提升监管举报的专业性、及时性和统一性。运用金融科技的特点，从技术层面建立金融科技信用体系和举报体系，从而加快信用风险的发现速度和处理速度。

(2) 建立防范安全风险的技术创新及基础设施建设机制

为了防止网络金融数据安全风险，可以运用技术手段降低数据丢失或被盗取、篡改的概率，降低金融科技机构发布虚假信息的概率。

大数据的作用主要是搜集数据，它是防范金融科技风险的基石，可以提升金融风险管理的覆盖度。大数据与金融领域联系紧密，在众多的金融机构中得到了广泛的应用，形成“5V”特征，数据量级巨大。大数据能以常见的形式把个人、企业的各种金融活动储存起来并进行分类，大范围地监控交易行为的发生。传统的金融风险管理所能够依据的数据有限，不能有限地防控风险。而大数据可以提供全方位、多领域的信息和相关交易数据，运用支持向量机（SVM）、回归分析等方法进行分析，覆盖面广、时效性强。

人工智能则主要对搜集的数据进行分类、计算和处理，它可以提升金融风险管理的准确性。人工智能与机器学习和深度学习相结合，可以准确有效地防范风险。人工智能以智能化的方式监控金融交易的同时，亦能预测风险的发生及其后果，给客户提供不同的可以选择的策略。由此，在金融产品交易的过程中，价格能够合理地反映价值，有效降低风险和减少过度投机现象的发生，促进金融稳定。人工智能替代人类不断重复的简单劳动，能为交易主体提供个性化的金融服务。

将区块链、大数据、人工智能、云计算广泛并深入地应用于金融基础设施，可推动支付清算业态的升级，优化证券交易所的业务结构和贸易金融基础设施，完善对金融基础设施的监管和服务体系，改革金融基础设施的供给结构，共同推动金融领域的进步与发展。

(3) 建立金融知识普及机制

加强对普通投资者的金融基础知识教育，尤其要加强低收入投资者等普惠金融服务对象的金融基础知识教育。金融交易的门槛在下降，这对于客户是利好的，但非专业金融人

士在总投资者中的比例很高，并非所有人都能承担投资交易所带来的风险，此时对于金融知识的普及就显得尤为重要。近期的中行原油宝事件引起了社会的强烈反响，其中就有许多客户不知何为期货，这充分反映出客户群体的金融知识匮乏。为了防范金融科技操作风险，政府及有关金融科技机构应当建立普及金融知识的有效机制，政府和各类机构可以向公众推广融资知识或通过金融科技网络平台对群众进行教育，以提高投资者的保护意识和水平。

（4）建立金融科技人才培养长效机制

当前，虽然传统金融下的人才队伍建设已经取得长足进步，但是随着金融科技的发展，传统金融人才已经趋向于饱和，在新兴金融科技企业以及传统金融企业拓展金融科技市场的大环境下，对人才的培养就显得尤为重要。所以，要建设培养金融科技人才的有效机制。可以高校和科研院所为依托，在开办传统金融课程的同时，对金融以及信息技术专业的课程进行交叉，提高金融科技的研究水平，着重培养金融科技复合型人才。金融企业也要做好对传统金融人才的金融科技培训，把传统金融人才培养提升为行业所需要的金融科技类人才。

第三节　金融科技创新发展

中国的金融科技行业正处于快速发展期，且在行业内的某些领域已经获得了领先地位。从行业分类来看，大数据、云计算、物联网、人工智能和区块链技术等都是金融科技的重要内容，在数据的采集整理、分析和应用方面，中国金融科技将拥有相对较大的发展空间，数据的价值有待进一步挖掘。

在互联网大数据技术和人工智能技术的支撑下，在平台化、移动化、场景化和精准化的助力下，金融科技创新与发展能有效解决传统领域里的诸多问题，真正能以客户为中心，为广大消费者量身定做各种个性化的金融产品与服务，并能大大提升金融产品与服务质量的效率。

未来的金融科技创新将会重构整个金融体系。目前的“金字塔、层级制、标准化和流程化”金融体系是基于工业社会的基础架构而建立起来的，但是，在移动互联网时代的信息社会，共享金融和共享经济新模式崛起，分布式的网络化结构和去中心化将成为未来发展的趋势。

一、金融科技创新的内涵与特点

（一）金融科技创新的内涵

随着“互联网+”战略的不断深入，云计算、互联网、大数据等先进信息技术得到了重大突破，同时实现了现代科技创新和金融需求的有效结合，使我国金融业发展迸发出了巨大的创新动力。

金融科技创新是指将互联网技术作为辅助手段并合理地运用于金融领域，促进金融行业的发展。金融科技创新的核心内容是以日新月异的网络信息技术对金融产品和服务模式进行革新，将人工智能、物联网等先进技术与金融行业的营销模式结合，创造出新的金融产品、服务和业务模式。从实践角度来看，金融科技既包括智能分析、智能投顾等金融技术，也包括新型支付清算、网络信贷等对传统金融机构产生巨大冲击的服务模式。

（二）金融科技创新的特点

1. 数字化

大数据、区块链等技术推进数字货币替代纸币、电子账本替代纸质账本，身份识别和综合性信息逐步替代资质评级的过程，在信用社会体系中发挥重要的基础性作用。

2. 智能化

通过大数据、云计算和人工智能等技术手段，实现投资分析、信用评级、风险评级、投资报告自动生成等金融活动，智能获客和智能投顾等业务广泛开展。通过这些新型工具和服务，金融服务业能够更精准地量化客户体验的反馈机制，简化产品和服务流程，更准确地响应预期客户的需求，开创简单易用、具备高消费者参与度的产品与服务。

3. 普惠化

把最新的信息技术融入传统金融服务业的信息处理和投资决策中，这既是传统金融业最关键的营运环节，也是人力成本最为昂贵的环节，以往只有少数重要客户才能享受。随着金融科技创新的发展，越来越多的市场主体将享受到金融服务所带来的便捷。

4. 标准化

借助客户预警、欺诈识别、智能监测、互通互联等技术，可以有效提升金融科技监管的能力与效率，使每一类金融活动成为一个标准化的模块，有效防范金融风险，大幅度提高金融科技工作效率，保障金融科技运作安全。

（三）金融科技创新的影响

金融科技重点关注以大数据、云计算为代表的先进技术的应用与普及，及其对提高金融服务效率的作用。因此，金融科技创新可以改善我国金融市场服务效率不高、创新能力不强、资源配置落后等问题，从而满足多群体对各种金融服务及产品等的需要，促进实体经济发展。

金融科技创新影响实体经济发展的机理主要体现在金融科技利用先进技术对金融体系进行改进和优化，提升其服务实体经济的效率和作用，进而支持实体经济发展。一是金融科技创新凭借其先进的技术支持，完善金融机构的服务功能，有效优化金融市场体系；二是金融科技进步使金融活动不受时间和空间的限制，信息成本和交易成本大大降低；三是金融科技使资金供给方和资金需求方能在一个更加公平、合理和透明的市场框架下进行资金的配置，从而更有利于形成市场供求双方满意的均衡利率。该均衡利率将影响投资和储蓄，储蓄又直接影响消费，而消费和投资是促进实体经济发展的重要动力。因此，金融科技可以提高金融体系服务实体经济的效率和作用，更好地将资金配置到促进实体经济发展的制造业、生产性服务业等领域，以推动实体经济的良性发展。

二、金融科技创新表现

金融科技领域的创新主题主要包括支付创新、借贷创新、财富管理创新、信用管理创新、监管技术创新。

（一）支付创新

随着科学技术的发展，网络支付产业链不断延伸，支付方式从传统的现金、纸质票据、银行卡支付，拓展到网上支付、二维码支付、手机支付、传感支付等新型支付。市场参与主体和支付服务产品的不断扩大，重新构建了支付清算领域的生态圈。

（二）借贷创新

网络借贷是指利用云计算、大数据等互联网技术，通过互联网平台实现资金供需双方的合理匹配，降低融资门槛，将资金直接或间接地借给用户和小企业。网络借贷带来了更多发展机会，同时也加强了资金流转，从而提高资金利用效率。

（三）财富管理创新

在财富管理的过程中，最优管理模式是针对不同投资者的期限、盈利、损失承受能力、投资方向等特性，提出不同的资产组合策略，实现投资服务的供求相匹配。而数字化财富管理模式的出现，为这种最优匹配提供了现实可能性。

（四）信用管理创新

在互联网时代下，大数据技术与征信行业开始深度融合，数据的获取、挖掘、分析等能力已逐渐成为评估征信体系可靠性的重要指标。通过大数据、云计算、深度算法等新兴技术，可以多维度、多渠道地收集能够描述和反映客户特征和风险状况的数据信息，并提供信用报告、信用评估、信用信息咨询等服务，从而判断、控制信用风险，进行信用管理。

（五）监管技术创新

监管沙盒是适应金融科技创新规律和发展动向的监管新范式，能够有效促进金融科技创新和风险管控的动态平衡，从而实现金融安全性、效率性和普惠性的协调。建立监管沙盒机制的目的，是在有效保护金融消费者权益和抑制风险外溢的前提下鼓励与促进金融科技创新。监管沙盒具有以下几个典型特征：

首先，虚拟沙箱是以云计算为基础的解决方案，创建一个真实或虚拟的安全环境，对创新产品和服务模式实现低成本的快速实验。企业在不进入真实环境的情况下，利用公共数据、其他公司通过虚拟沙箱提供的数据来进行测试。没有消费者利益受损的风险，也不会对金融系统造成任何伤害。

其次，通过测试能够反映出创新的本质，及时发现并规避产品缺陷和风险隐患，有利于提高风险评估的有效性，为决策制定提供依据。

再次，测试的底层逻辑是保护消费者利益和支持真正的金融创新，例如，提升服务品质、促进金融效率、缓释金融风险、实质性的业态突破等。

最后，对金融科技创新公允对待，执行一致的公平与透明措施。所有的创新者都可以进行尝试，在测试阶段不采取强制性管理。

三、金融科技创新的动力

（一）需求拉动

随着移动互联网的快速发展，数以亿计老百姓的衣、食、住、行等日常生活场景迅速转移到各类互联网终端上的 App，衍生出大量全新的金融需求，造就了一个以普通大众为

中心，以小额、碎片化、高频需求为主，规模庞大的个人金融市场。利用以大数据、云计算、人工智能、区块链等最新技术，改变传统个人金融服务的信息采集来源、风险定价模型、投资决策过程、信用评级体系等，能够更好地满足线上个人金融市场的需求，进一步促进消费升级，也成为助推人民美好生活的金融驱动力。

互联网创新改变了我国居民的生活方式，个人生活场景的全面线上化态势应运而生，如此又催生了全新的金融需求。包括大数据、区块链、人工智能、云计算在内的金融科技手段，在满足全新线上个人金融需求方面，发挥着越来越重要的作用。

通过金融科技的技术工具变革，推动我国金融体系的创新，以此更好地服务我国居民的生活，是引领我国居民个人消费升级的有效手段，最终可以促进我国经济的高质量增长。

（二）技术推动

金融科技正在运用大数据分析技术、人工智能、认知计算、机器学习和分布式技术等前沿科技进行革新，将传统的银行、证券和保险业务进行分解，以期提供高效率、高附加值、低成本、更便利的产品和服务，从而大大降低交易成本，提升整个金融行业的运转效率。

金融大数据技术具有以下四个特征：一是海量数据；二是数据类型多样化，包括数据、文字、图片、声音和影像等不同形式；三是储备能力强，理论上依存空间可以做到无限大；四是数据传输速度呈加速度递增。而以云计算为基础的金融计算有以下三个特点：一是计算速度快，未来计算速度将由每秒钟十万亿次，提高到每秒百万亿次；二是计算方法多，金融统计与计算包括现代金融统计学不断开发的新算法、新工具；三是计算能力强，能够对数据、文字、图片、声音和影像等不同类型数据进行清洗加工、研发数据图谱，对不同数据进行综合计算与分析。人工智能将在投资评估、风险分析及智能投顾等金融科技领域取得重大突破并广泛应用，从而推动金融服务业取得重大进步。

（三）规避监管

“约束诱导理论”认为金融机构面对来自外部和内部的双重管制约束，必须通过不断提供新的金融产品，运用新的金融交易方式及革新现有管理办法，才能摆脱金融管制，实现金融机构利润的提高。此外，也有学者运用动态博弈模型分析金融创新问题，认为金融创新是金融机构为了脱离金融监管的制约和管制而产生的，由此提出了金融创新的“规避管制理论”。该理论认为金融监管机构为了控制可能发生的金融风险，会逐渐加强对金融机构的监管力度，将其视为隐形税收，认为这种隐形税收降低金融机构的利润，而金融机构则通过创新活动规避金融机构的管制，实现利润的增加。所以，金融机构具有不断进行金融创新、规避金融监管的内在强烈动因。

无论是“约束诱导理论”，还是“规避管制理论”，都认为如果金融机构面对的金融监管过于严格，便需要进行金融创新。所以，金融创新领域创新的推动因素之一就是合理地规避现有的严格金融监管，获得高额的创新收益。

第三章　金融科技结合的技术应用基础

第一节　大数据与人工智能

一、大数据技术

（一）大数据技术概述

对于大数据的具体定义，不同的机构有不同的表述，主要指的是对于超大规模的、复杂的数据，通过专业的、创新的处理办法和技术，能够快速、有效地获得我们需要的信息。

1. 大数据技术的特点

不同于传统的在一些有规律的、有一定联系的数据中进行统计分析，大数据分析从整个认知上存在巨大改变，具有典型的特点。

（1）数据规模超大

数据规模巨大是大数据最基本的特点。现代信息社会发展不断产生巨大的信息数据，大数据容量级别也在不断扩大中。

（2）数据流转快

虽然数据的规模巨大，但是处理的速度快是大数据另一典型的特点。分布式的技术办法、云计算、智能分析等保障了数据快速流转的实现。

（3）数据种类多

从不同的角度，大数据可以划分为不同的种类。多样化的数据满足了多样化的需求。从数据来源上分，行业种类有多少，大数据种类就有多少。

（4）价值密度低

通过现有的数据来反映现实中的一些问题时，因并不是专门采集的数据，所以，只能是通过超过正常量的数据来满足我们的需求。

2. 大数据技术的构成

大数据技术是一系列相关技术的集合，从数据采集开始，到数据预处理技术、数据存储技术、数据分析挖掘技术，数据可视化是大数据应用的最终结果呈现。大数据可视化要贴近用户的需求，易于使用、易于理解，以最小误差传递大量的信息。

（二）大数据技术和产业发展

目前，随着技术逐渐成熟，大数据应用中的各种数据库、大数据平台发展速度快，能够提供的资源更加多样，应用场景也更加广泛，其价值和优势逐步被更多的机构所认可。

1. 政策支持大数据技术和产业快速发展

全球大数据呈爆发式增长态势，各国政府都非常关注，快速推出相关的政策来支持大数据的基础建设。

2. 大数据技术成果

在应用规模方面，我国已经完成大数据领域的最大集群公开能力测试，达到了万台节点。

基于非结构化数据架构的大数据平台应用最为广泛。大部分企业会选择非结构化的批处理架构（如 Hadoop）或者非结构化数据的内存架构。

（三）大数据与金融结合的应用

我国大数据的应用涉及的领域非常广泛，并实现了相关产业的深入发展。金融行业信息化程度高，大数据技术在金融行业领域的应用已逐渐细化和深入，如在客户分类选择、营销方式、风险管理等方面具有很大的作用，为金融机构科学决策、差别定价、业绩提升，提高整体竞争力提供了有力支撑。

1. 基本架构

大数据技术通过大量的、有效的、多样的数据，进行深度的清洗、整合、分析挖掘，可以得到数据内在的关联及所映射的风险信息。其与金融的结合也是在大数据基本平台上，通过大数据的核心技术，为金融领域提供成熟的大数据应用服务。

2. 应用基本情况和主要场景

大数据和金融的结合一方面表现在大数据企业直接进入金融领域的应用，另一方面表现在金融机构充分利用大数据技术来发展自身的业务。

（1）客户管理

金融机构主要通过采集非结构化行为等大数据来准确了解客户，减少不必要的程序，实现精准营销、打造良好客户使用体验，提高交易成功的概率，发现潜在客户，扩大客户量。

通过大数据技术应用，兴业证券较大地提高了客户数量；中国银行设计的“中银开放平台”通过开发 API 接口，实现大数据的应用；中信银行在信用卡业务上大大缩减营销活动时间，并使交易量大增；招商银行通过大数据建立客户流失预警机制，大大降低了客户流失率。

（2）大数据征信

为解决传统征信的不足，将大数据技术运用到征信中去是必然的结果。大数据征信就是将海量数据信息经过大数据技术的处理后，用于证明一个人或企业的信用状况。大数据可以通过分析信息主体的互联网行为、社交行为、传感器监测记录等各种类型的数据，发现信息主体行为与信用之间的相关性，提供更为全面、真实有效的信息。大数据征信的成本相对传统征信更低，可以应用于经济金融活动的各个方面。

（3）信贷风险管理

大数据风控在金融领域运用较成熟的场景可以说是信贷管理。大数据应用于信贷管理整个过程中，从获客、审核、授信到贷后。大数据能够在整个金融机构风险控制过程中提高准确性、预警性和效率。在贷款中和贷款后的管理中，大数据的运用可以大大降低成本，高效地追踪和监测每一笔贷款。

关系人图谱是现代反欺诈应用场景中最重要的手段。银行根据客户关系网络，利用大数据技术可以构建客户关系图谱，分析挖掘客户各类信息之间的关联性，实现客户信息从局部到全网、从静态数据到动态智能的跨越，发现潜在的风险并预判风险传导路径、概率、影响客群等各个方面。

（4）反洗钱

随着互联网和移动支付等技术的发展，反洗钱的难度也越来越大。有效利用大数据技术，从各种信息中进行关联分析，对反洗钱等各种金融犯罪行为也具有积极的作用。

（四）大数据的未来发展趋势

我国大数据发展已经逐渐走向成熟，未来大数据的发展趋势，主要表现在以下六个方面：

1. 追求高质量的大数据

大数据主要是对各种各样的信息数据进行全面的分析，这些信息来源复杂，质量有高有低，还会存在不真实的数据。一些专业人员提出，在大数据条件下，由于对错误识别的挑战，要将新的分析方法与成熟的统计分析方法结合起来，追求高质量的大数据。另外，还可以从信息数据源头、数据分析挖掘及产生的最终结果三个环节中的每一步去提高质量。高质量的大数据将会更有效地提高使用的权威性、准确性。

2. 追求共享的大数据

大数据只有在开放、共享的状态下才能实现数据整合，体现数据最大价值，促进大数据产业发展。但是现在无论是政府数据、互联网数据还是其他数据，数据拥有者往往不愿对其进行开放流通。推动大数据开放、共享的政策措施一直在加强，但效果还不是很理想。

在技术上进行突破是大数据开放、共享的关键。在更多的技术上提高性能，与区块链等其他技术进一步紧密结合，数据共享和流通将会有质的飞跃。

要实现大数据的共享，还需要进行统一的规划。政府或监管部门制定明确的大数据战略，制定全行业统一的标准和规制，对各种数据进行统一的规划、组织和管理，消除信息壁垒，实现数据的高效综合利用。

3. 追求安全的大数据

随着欧盟《通用数据保护条例》（GDPR）的发布和实行，个人信息安全的问题受到广泛的关注和重视。未来隐私和信息安全问题将是大数据发展的重要内容。由于大数据采集信息的渠道很广泛，现在的很多大数据处理方法都有信息泄露的可能性。

目前，各国主要是在法律方面加强大数据的安全防护工作，出台相应的法律法规和标准规范。未来对大数据的安全问题还可以通过密码学、区块链、访问权限设置、数据脱敏等技术方法来解决，确保数据得到有效保护。

中国信息通信研究院正在着力推动的“可信数据服务”计划的目的就是解决大数据的安全问题。

4. 探索大数据新技术发展

（1）非结构化数据是研究的重点

大数据的数据信息来源复杂、结构多样，很多都是视频、图片等非结构化数据。在这些非结构化数据中，通过专业的分析，可获得非常有价值的信息。目前，对这部分的研究还有很大的空间。

（2）发展多业务场景统一处理技术

随着互联网的进一步发展，智能终端的普及，多业务场景应用的范围越来越广，这就需要大数据技术以未来的多业务场景统一处理技术为重点，提高数据处理能力，满足应用的要求。

（3）专有高性能硬件适配

为助力某些大数据技术的突破性升级，相应的专用硬件也需要不断改进。对新型硬件的适配成为很多大数据企业未来研发计划的重点。

5. 探索大数据资产管理要求进一步提升

探索大数据资产管理将是企业大数据部门未来发展的趋势。随着大数据应用的不断深入，为了实现技术到业务价值的转化和变现，企业将越来越重视数据资产管理方法，在数据资产管理上不断寻求新的方法。

6. 大数据应用越来越广泛

大数据作为一种基础性的资源，已经融入越来越多的领域，也为产业转型升级提供了一条新的途径。在大数据技术不断成熟的过程中，更多的行业将与大数据进行深度融合，促进行业的进步。同时，大数据产业自身的发展也会衍生或分离出新的行业或领域，推动经济稳步发展。

二、人工智能

（一）人工智能概述

人工智能是利用数字计算机或者数字计算机控制的机器模拟、延伸和扩展人的智能，感知环境、获取知识并使用知识获得最佳结果的理论、方法、技术及应用系统。

1. 人工智能的特点

（1）涉及领域广泛，研究范畴复杂

人工智能研究领域非常广泛，不仅涉及计算机科学问题，还应用了心理学、伦理学等其他专业。研究范畴包括智能控制、深度学习、人工生命以及复杂系统等方面。

（2）为人类服务，与人互补

人工智能是为方便人的使用而产生的，代替人类完成一些固定化的、烦琐的，或者是不容易做到的任务。在节省人力的同时可以提高效率，为人类提供补充性的服务。

（3）思维融合，具有超强学习能力

人工智能模拟人的各种思维方式，并与人的思维融合发展，具有计算、认知和感知的主要特征。在固定的程序下还要有超强的学习能力，以应对在一些不确定因素下产生的随机事件，及时调整优化。

2. 人工智能技术的构成

人工智能技术在基础硬件技术基础上，还包括语音类技术、尝试学习等算法、语言类处理技术和视觉技术等。这些技术相互作用，共同构成人工智能技术。

（二）人工智能技术与金融结合的应用

我国人工智能发展迅猛，人工智能技术已经广泛应用于工业、农业、商业、医学、教育等多个领域，在提高效率和人民生活质量等方面发挥了广泛作用。其在金融领域的应用更加广泛，可以用于服务客户、网络金融安全、授信过程、风险防控和监督、投资理财等方面，增强金融服务的个性化和效率化，为我国金融行业健康快速发展提供了技术保障。

1. 智能投顾

智能投顾是利用人工智能技术，主要在线上为投资人提供一个对话场景，满足客户各种投资、理财或其他需求，提高效率，实现合理化的配置。智能投顾的优点主要表现在：最优的组合策略、差异化分析、效率高、服务范围广等。

目前，市场上的智能投顾主要是与传统投资顾问相互补充，为用户提供建议或者自动配置产品。智能投顾将是一个巨大的潜在市场。

2. 智能客户服务

智能客服运用的人工智能技术通过不断完善和改进变得更加成熟，可以进一步深入地为更多的客户服务，满足个性化的要求，提高服务质量。发展智能客服能够使金融机构减少人力的使用，并提供每天 24 小时的服务。

智能客服的优点主要有：服务形式多样、服务时间长、服务成本低、服务效率高。

3. 智能监管

运用人工智能技术和大数据服务金融监管，反欺诈，实现金融风险的防范。其使用大数据、人工智能技术对客户的行为数据、非结构化数据进行整合分析，使风险防控能力更加强化与智能化，同时也提升了客户体验，利用事中反欺诈技术的支持，在提高风险防控能力的同时减少客户认证的方式。

腾讯云的保险反欺诈服务通过 AI 风险控制模型，准确定位在申保、核保、理赔等业

务环节中所遇到的恶意隐瞒、过度投保等各种各样的恶意行为。

4. 自动生成报告

投资银行与证券研究工作在日常业务中会有大量的具有固定模式的报告需要撰写。通过人工智能技术可将这一烦琐的工作模式化，自动生成报告。

自动生成报告主要利用了人工智能技术当中的自然语言处理技术，通过巨大异构数据的转换与分析，生成报告的基本内容。

5. 人工智能辅助量化交易

在基金交易中，利用人工智能有关技术建立模型，通过学习预测证券的未来趋势，组成一个最优的投资组合，实现整个交易过程。

（三）人工智能的未来发展趋势

1. 注重系统安全问题

人工智能技术及产业已从感知智能向认知智能发展，智能机器人的优化发展也是未来发展的趋势。在这些技术发展的过程中，人工智能的系统安全问题是未来关注的一个主要方面。应增强系统的稳定性，减少学习中的一些错误可能，提高警惕性，尽快实现技术上的突破，更安全的人工智能会获得更加广阔的市场。

2. 智能化应用场景多元化发展趋势

目前，人工智能的应用方式还是以单一场景为主，为完成某一具体任务而设置。随着社会经济的发展，企业或个人实践应用需求也变得更加多样化，智能化应用的场景也将会是多元化发展的方向。

3. 人工智能和实体经济深度融合

人工智能与实体经济深度融合的有利条件：一是政策支持；二是制造强国建设的促进；三是人工智能底层技术的开源化。

第二节 云计算与区块链

一、云计算技术

云计算是分布式计算的一种，它是大数据技术及人工智能技术的有力支撑。随着大数据及人工智能的战略性发展，云计算技术也必然成为不可或缺的重要技术而被世界各国重视。

（一）云计算技术概述

1. 云计算技术的特点

（1）规模大

“云”的规模是超级大的，各个云计算服务商为满足需求，不断增加服务器数量，其规模也越来越大。同时，云计算服务商通过专业人员的维护和管理，为客户提供具有巨大规模的平台和资源。

（2）虚拟化

虚拟化是云计算最为显著的特点，其突破了时间、空间的界限，通过虚拟平台对相应终端操作完成数据备份、迁移和扩展等。虚拟化技术包括应用虚拟和资源虚拟两种。

（3）弹性伸缩

主要体现在“云”的规模可以随时根据用户使用的需求而调整和选择，对于一些突然增加的需求也能够及时满足。用户可以利用应用软件的快速部署条件来更为简单快捷地扩展自身所需的已有业务以及新业务。

（4）成本低

对使用者来说，将资源放在虚拟资源池中进行统一管理在一定程度上优化了物理资源，用户不再需要购置昂贵、存储空间大的基础设备，也不必花费过多资金去维护和管理，只需要花费相对少的资金即可通过云计算获得优质、高效的服务。

（5）风险性

网络存在着很大的安全隐患，不法分子可能会通过云计算技术对网络用户和商家的信息进行窃取，还有可能出现黑客的攻击、病毒等问题。云计算中储存的信息很多，同时，云计算中的环境也比较复杂，云计算中的数据可能会出现被滥用的现象。

2. 云计算技术的构成

云计算服务主要分为公有云和私有云。公有云服务又可以分为三个层次：基础设施类服务（IaaS）、平台类服务（PaaS）和软件类服务（SaaS）。

基础设施类服务：通过互联网为客户提供云端的硬件资源。

平台类服务：通过互联网为客户提供软件开发的平台，客户可以在这个云平台中开发和部署新的应用程序。

软件类服务：通过互联网为客户直接提供软件的服务。

（二）人工智能与金融结合的应用

金融科技企业大多以云计算技术为依托，主要结合大数据技术和人工智能技术，为金融机构提供主要业务的技术支持，从而改变金融行业的服务模式，实现高效、低成本的目标。

金融与云计算技术的结合，为客户提供了更加便捷的服务，只需要在终端上简单操作，就可以完成银行存款、理财等金融活动。

1. 金融云

以阿里云为例，金融云是专门针对银行、保险等金融机构提供服务的行业云，通过独自的网络集群给相关金融机构提供符合金融监管要求的云产品和服务。阿里金融云服务以云计算为支撑，在杭州、上海、深圳都有金融云数据中心，帮助金融机构的IT系统整合入云，实现快速交付，降低业务启动门槛。

2. 提升银行业基础架构的弹性

云计算技术的推出，各个层次云平台的搭建，可以为银行业各项业务的创新发展提供便利，加快信息的共享速度。利用专业的云计算平台不仅可以大幅度地提高运行效率和质量，还可以充分体现云计算的特点，提升基础架构的弹性。银行业成功应用云计算推动业务和运营模式创新的例子有很多，如银行信用卡业务和征信系统，还有银行信贷业务，可以提高信贷数据处理能力，优化信贷业务操作。

3. 助推保险业业务发展效率化

传统保险企业积极和新兴互联网科技公司合作，利用云计算开展全面的保险业务。腾讯公司与阳光保险合作，利用金融云平台为各种保险业务提供全面的、高效的、稳定的服务，实现保险业务的创新和发展。

保险业对于云计算在安全性方面以及标准规范方面具有迫切的需求。经过多家机构及专家的探讨，中国保险行业协会联合中国通信标准化协会发布了关于保险行业云计算的五项标准。这些标准的规范，对于促进保险科技的发展具有重要意义。

4. 助推证券业创新发展安全化

证券业利用云计算技术，可以降低资源浪费，随时扩充交易平台，满足证券交易增长的需要；可以防止病毒入侵，减少系统运行风险，提高交易和数据传输的安全性，提高业务效率；可以给客户提供账户管理服务，大大缩短开户时间，实现统一客户身份认证，获得更高的客户满意度；可以降低证券公司的运营成本，为网上证券业务的创新发展提供可能。

申银万国证券公司建立的企业云计算中心，将云计算作为公司 IT 发展策略，改变了公司的盈利模式。招商证券选择 Azure 作为唯一云服务供应商，构建企业云混合平台，促进业务创新，不断改进和推出新的功能模块及增值服务产品，创造更好的客户体验与价值。

（三）云计算技术未来发展趋势

云计算在全球广泛发展中成为各领域大数据应用的重要支撑，在需求不断扩大中优化创新发展。

1. 云原生

未来云计算技术的发展倾向于采用基于云原生的技术，在动态环境中，充分展现云资源的优势，使客户能够快速、高效、低风险地开展业务。云原生不是仅仅开设云服务器账号，或者是把一些现有的应用或业务搬到云端，而是用一种全新的方式来构成和搭建的。

2. 云智能

云智能就是人工智能与云平台的结合。云计算的发展会产生大量的数据，人工智能核心的算法在云平台的应用会使两者互相作用、共同提升，产生“1+1>2”的效果。

3. 混合云

因为考虑到安全性的问题，目前，金融行业运用的云平台以私有云为主。特别是金融机构的一些重要的信息数据和相关业务，使用私有云更加安全、可靠。但是私有云的弹性较差，不利于业务的创新发展。

混合云则结合了私有云和公有云的优点，以弥补不足。混合云有同构混合云和异构混合云，相对而言，同构混合云可以更好地满足未来发展的要求，是未来云计算的发展方向。

二、区块链技术

区块链是比特币的核心技术。随着比特币的发展，人们逐步关注比特币的底层技术区块链技术，并对其进行深入研究，发现区块链技术的安全稳定性和不可伪造性可以应用于更多的领域。

（一）区块链技术概述

1. 区块链技术的特点

（1）去中心化

去中心化是区块链最突出、最本质的特征。点对点网络和分布式数据是区块链去中心化的基础，不需要第三方机构，所有节点通过特定的软件写入存储信息内容。

（2）公开透明

区块链技术本身具有开源性，区块链上面的数据大家都可以看到，都能够使用公开的接口获得相关的资源。因此，使用区块链建立起来的系统具有公开透明的特点。

（3）不可伪造

区块链本身的加密技术和数据结构保证了其不可伪造的特点。每笔交易都是按照一定的时间顺序链接的，且采用非对称型密码学原理对数据进行加密。

（4）安全稳定

区块链的共识机制、加密算法等技术使区块链本身在安全方面有很好的保障，要改变相关的数据内容是一件很困难的事情。技术本身参与的节点越多，更改起来就越困难，安全性很高。

2. 区块链技术的构成

（1）核心技术

区块链技术是一个技术合集。

（2）分类

根据区块链的开放程度，可以分为公有区块链、联盟区块链、私有区块链。公有链是应用最广泛的区块链，无中心化服务器，所有参与节点不需要进行身份认证，任何人都可以参与其共识过程。联盟链的参与者是入盟协议特定人群或机构，在共同管理下一起进行系统的维护。私有链则是在某一具体的应用场景下，只有特定的节点被允许使用的区块链。

根据区块链的发展阶段，分为区块链 1.0、区块链 2.0、区块链 3.0 三种类型。

（二）区块链技术与金融结合的应用

区块链已经被作为一种底层技术，在与金融业结合的过程中，改变金融行业的底层技术架构，提升金融业的核心服务能力。区块链技术与金融的结合充分体现出区块链技术本身的主要优点，可编程智能合约，安全性高，从而在大大减少费用的同时，快速完成交易支付。

区块链技术与金融业务实现场景搭建，在国际汇兑、保险、信用证和证券等方面都存在着巨大的应用价值。

1. 票据市场

票据是一种依赖“可信第三方”的有价凭证。当前，电子票据的应用虽然提高了票据的安全性和效率，但是票据市场参与机构众多，情况仍然复杂，信用风险高。区块链技术本身的优势特点可以有效解决票据市场的许多问题，实现智能监管和风险控制。

2. 支付结算

目前，支付结算主要依赖于银行体系，每笔交易都须经过银行代理，过程复杂，特别是跨境支付成本高、效率低、风险大。区块链有效解决了这些问题，提高了支付速度，而且降低了成本，安全性更高。

3. 保险业务

在保险业务中，区块链借助其分布式账本技术、去中心化和全网公开等特点，可以对投保个体进行分类营销，解决信息不对称问题、精简保险的销售理赔流程、降低核实管理成本、提高赔付效率。区块链保险不需要借助任何保险中介机构，保险资金的归集和分配也变得公开透明。

4. 信托业务

金融机构可以利用区块链技术从根本上解决供应链金融信托真实性的问题。针对信托产品风险防范的问题，可以采用区块链技术对信托计划在尽职调查和投后管理等环节的工作内容进行存证。针对信托业务中的担保问题，区块链技术可以实现动产担保资产的实时监控和确定保证，从而解除动产抵押信贷产品在实际中造假等问题。

5. 证券业务

区块链技术在证券发行、股权交易、交易所清算系统等方面产生了深远影响。区块链的分布式账本可以实现股票、债券与其他金融资产的登记、质押等业务的开展；上市机构及投资者可以在安全、高效的平台上自主完成交易。这些不仅大幅减少了交易成本，而且极大地提高了交易时效性，同时还能减少人工操作风险。

（三）区块链技术未来发展趋势

由于各国抢占技术优势的力度在不断加大，全球区块链发展的政策、技术和应用环境

不断优化。未来区块链技术的发展和落地应用将会不断加速，进而会促使全球新一轮的技术变革和产业变革。

1. 跨链技术和侧链技术的发展

随着区块链应用在各个领域的深化，区块链的互联互通是未来发展的一个必然趋势。跨链和侧链技术都可以增强区块链的可拓展性，两者之间是相辅相成的。跨链可以实现不同链上的资产以及数据、功能互通，侧链则对实现跨链起到服务的作用。

跨链技术未来的发展主要表现在交易验证问题、事务管理问题、锁定资产管理问题和多链协议适配等方面。侧链未来发展主要在于管理和监管方面。

2. 私有链和联盟链的发展

未来的区块链应用向实体经济发展，企业应用是区块链的主要场景，企业使用区块链技术来增加安全性，减少成本，服务实体经济更加有效。企业更多使用的是私有链，私有链在管控、监管合规、性能等方面更符合企业关注的内容和要求。但是私有链并没有真正地去中心化，有很多人质疑私有链到底能不能算是真正的区块链，未来能否发展下去。

联盟链更好地解决了企业应用的问题，未来发展的空间很大。如果要建立适合各个行业的联盟链，还需要解决共识的方式和参与共识的节点数量的问题、安全保障问题、联盟可持续性问题、高扩展性问题等。

3. 产业应用的发展

近年来，我国区块链产业发展十分迅速，不论从宏观层面，还是从微观层面，无论是区块链底层的基础架构，还是产业领域的场景应用，都受到广泛的关注。当前，区块链技术使用的范围已经向更多的产业领域拓展，与实体经济产业进一步融合，促进产业的发展。

4. 区块链标准化的发展

随着区块链技术的深入发展，区块链标准化工作对未来区块链技术的发展具有关键性的作用。区块链的标准化应在统一的认识下逐步完善，进一步加快标准化的进程，开发统一标准的研究成果。区块链的标准化有助于完善区块链产业生态、减少风险、扩大区块链技术的实际应用范围。

第三节 物联网与安全技术

一、物联网技术

物联网技术属于互联技术的一部分，是信息产业发展的一个新的高点，也是金融科技的关键技术。互联技术的另一部分移动通信技术从1G、2G、3G、4G到5G，不断地升级和优化，移动终端的硬件和软件功能也在不断优化升级，智能手机功能不断强大，带动着整个互联技术的发展。

（一）物联网技术概述

1. 物联网技术的特点

（1）整体感知

利用红外感应器、二维码等感知设备来对整个物体进行感知，收集物体的全面特征。

（2）信息交互

通过感知设备使物体具有可识别、可感知、可交互的能力，通过互联网传递信息，从而达到物与物、物与人之间的信息交互。

（3）智能处理

通过使用智能技术，对感知设备接收到的各种信息进行整理、统计，输出结果，实现远程操作及监控。

2. 物联网技术的构成

物联网的技术并不是创新的技术，而是对已有技术的综合性应用，并在改进的同时实现全新的模式转变。

从关键技术看，物联网主要有以下四种技术：

①RFID技术，也称为电子标签技术，是将无线射频技术和嵌入式技术结合起来形成的综合技术。RFID通过射频信号自动识别目标对象，可以同时读取多个标签，可以在各种情况下使用。

②传感网络技术，主要是感知事物的传感器技术。另外，在传输网络的层面上包含有线传感网络技术、无线传感网络技术和移动通信技术。网络传输的速度和质量决定了设备

连接的速度和稳定性。

③智能技术，是指思考事物的智能技术，让连接起来的物体具有学习能力，最终实现物体的智能化。

④纳米技术，是用于微缩事物的技术，使物联网中进行交互和连接的物体体积越来越小，从而更好地发挥嵌入式智能的作用。

从网络看，物联网技术主要有三种：

①蜂窝通信技术，就是指 3G、4G 或 5G 技术。

②LPWA 技术（低功耗广域通信技术），包括 NB-IoT、LTE-M、LoRa、Sigfox。

③局域物联网，通常定义为 100 米以内的互联技术，包括 Wi-Fi、Blue-tooth、ZigBee。

（二）物联网技术与金融结合的应用

物联网的基本架构可以分为感知层、传输层、管理平台层、应用层。感知层主要用于获取第一手资料，是物联网发展的基础。传输层通过网络进行信息的传递。管理平台层主要包括数据储存中心、信息查询技术、智能处理系统及中间件技术等各平台管理。应用层是物联网技术与各行业应用的结合，体现出智能化应用的实现。

物联网在工业、农业、家居、交通、物流、安保、医疗、教育等领域已有广泛的应用，特别是在智能家居上的应用，使人们的生活水平得到质的提高。在金融领域，物联网与金融的结合也已经有了一定的探索，主要表现在以下五个方面。

1. 存单和支付

将物联网技术引入银行存单，在存单中植入 RFID 芯片，较好地解决了银行存单的造假问题。借助物联网感知功能，将消费与支付服务信息联系在一起，实现主动的、动态的支付服务。

农业银行的 RFID 存单，对办理一定数额的单笔储蓄存款客户，不增加客户成本，每张存单具有唯一的防伪标识，有效地解决了假存单的问题，维护了客户和银行的资金安全。

2. 银行金库管理系统

目前银行内部管理中，物联网比较典型的一个应用就是金库管理系统。金库管理对银行有着非常重要的意义，对现金管理来说不仅是安全问题（是否能够准确、及时入库和出库），还会影响银行服务的质量、效率及成本等方面。

运用物联网技术就是在金库管理系统中引入 RFID 技术，这是物联网技术的一个核心技术。对金库管理的各个环节都可以进行自动化的数据采集、处理，确保了金库数据的真实性、准确性，提高了管理效率。

3. **保险业务**

保险公司利用物联网设备可以获得大量实时信息，使用其生成的数据，能够更深入地了解客户的真实状况，降低风险。保险公司还可以通过数据，为客户提供有针对性的服务，创新保险产品提供方式和保险服务内容。

目前，已有的较典型的应用之一是可穿戴设备：对保险客户发放穿戴式设备，通过设备获得被保险人健康状况的数据，为客户提供健康提醒，督促其做出改善，降低用户提出索赔的风险。另一典型应用是车联网的应用：通过物联网技术设备进行汽车与驾驶员的监测和分析，全面收集车辆行驶过程中的信息状况，依据综合数据资料为其提供相对应的保险产品和定价。

4. **银行贷款业务**

银行贷款中，动产抵押物的监管一直是银行经营管理中的一个难题，银行需要对抵押物的真实情况进行了解和监控，信息不对称等问题加大了银行信贷的风险。利用物联网智能终端应用，可实现对动产的全环节监管，可以很好地防止重复抵押、不真实抵押等问题，降低风险。

在汽车金融中，采用物联网技术，可为汽车配备智能监管信息系统，通过单车定位设备，银行就可以监控汽车的销售或使用情况，从而掌握客户的还款能力。

5. **供应链金融**

供应链金融是现在解决中小微企业融资问题的一种很好的方式。在这种融资方式中，存货质押品具有不稳定、不易变现、无法远距离监控等特性，还有一些产业供应链所形成的物流、信息流无法质押的问题。引入物联网技术后，可以使质押品不受资产特性影响，保证监管物品的品质，保证供应链融资的健康发展。

通过物联网技术的智能化、网络化改造，可以全面掌握实体经济的生产经营动态，形成客观信息数据，帮助银行建立起客观的风险评价体系，从而推动供应链金融的发展。

（三）物联网技术未来发展趋势

物联网产业属于战略性新兴产业，随着 5G 的应用，物联网技术及产业也将会快速成熟起来。未来，要实现物联网的竞争优势，还需要注意一些问题，以使其朝更深入的方向

发展。

1. 统一的技术标准

各个物联网平台与终端的接口标准不统一，而现有的互联网标准与物联网又不能完全适用，限制了物联网技术的使用。物联网技术本身的特点要求形成一个更加规范化、标准化的物联网基础架构，以此来形成整个社会物联网的分工，以充分发挥物联网的优势，提高物联网的可扩展性。将物联网技术标准统一化、建设规范的体系架构，是物联网进一步发展的基础。

2. 综合性的平台建设

平台的发展对物联网产业的构建有着较强的推动作用。目前，独自发展的平台只是提供了物联网平台功能的一小部分。物联网平台要朝着合作、综合性的方向发展，它应该是终端连接、终端管理、数据采集分析、应用定制等多个方面能力的组合。

3. 边缘计算的驱动

物联网的快速发展产生了大量的个人及设备信息，对计算能力的要求越来越高。边缘计算在靠近实物的边缘上进行数据处理、存储、应用，可以提高连接的时效，解决设备与云端的数据传输问题。未来 AI、边缘计算将渗透于物联网的各个应用中，为物联网设备提供边缘智能服务，使得用户可以获得更好的体验，支撑更广泛的场景应用与价值创造。

4. 安全问题的防范

在物联网快速发展的过程中，联网设备的数量飞速增长，同时，物联网的安全问题也日益显现。鉴于物联网安全事件的报告，未来人们会更加关注安全，加强监管，提高防范意识，降低物联网设备的安全风险。

要提高物联网设备的安全性，需要增加安全支出、实施安全分析、进行安全部署。运用自动化可能会成为有效的解决方法。

二、安全技术

在金融创新的过程中，防范风险是首要的任务。安全技术在所有金融科技当中占据着核心地位。安全技术包括许多方面，本节主要介绍生物识别技术和密码技术。

（一）生物识别技术概述

在创新发展日新月异的今天，网络充斥在我们的周围，密码验证成为我们的日常。传统密码逐渐被新的验证方法取代。生物识别利用计算机、生物传感器等技术，将人体互不相同的特征作为识别的标志，进行个人身份的验证。

1. 生物识别技术的特点

因为人体特征的特殊性，生物识别技术具有不需要记忆、不易伪造或丢失、唯一、不易改变、使用方便等特点。

2. 生物识别技术的分类

生物识别技术根据人体的可利用特性可分为指纹识别、人脸识别、静脉识别、虹膜识别、签名识别、语音识别等。

（二）密码技术概述

密码学的数学原理与计算机算法技术相结合，产生了现代意义上的密码技术。密码技术是综合了许多学科的一门交叉技术。现代密码技术不仅包含了传统密码学的功能，还包含了新的技术创新和内容。

1. 密码技术的特点

（1）使用加密和解密算法，具有机密性。

（2）保证数据的完整性。

（3）通过身份识别和口令确认进行鉴别。

（4）反拒绝。

2. 我国密码技术的标准化

在我国最新的密码标准体系中，对密码标准从技术角度进行归类，由密码基础类标准、密码产品类标准、基础设施类标准、应用支撑类标准、密码应用类标准、密码管理类标准和密码检测类标准七大类构成，这七大类构成了密码标准技术体系框架的顶层设计。

（三）安全技术与金融结合的应用

生物识别技术应用的范围越来越广。在各个应用场景，以人工智能为主导，通过生物识别技术进行身份识别和验证，较大程度上降低了成本，提高了安全性。

无论在哪个领域，密码技术主要是为了保护信息的安全，其已被广泛应用于社会的各个方面。

1. 支付

移动支付在我国已成为主要的支付方式，其安全性是支付的首要保障。移动支付从人工密码识别、指纹识别到人脸识别，一直在利用生物识别技术不断加强安全保障。移动支

付密码应用包括“云闪付”、条码支付等。支持 SM 系列算法的通用芯片和实现密钥分割、安全存储的软件密码模块的成功研发，为移动终端密码的广泛应用提供了基础软硬件环境。

2. 身份验证

在金融安全领域，身份识别验证是一个很重要的环节，是金融交易操作者身份确认的一道重要防线。生物识别技术和密码技术在身份验证当中又都起到了关键性作用，可通过这些技术建立安全的身份认证系统。相对于实体银行，手机银行、网络直销银行等通过人脸识别技术进行实名认证、人证一致性验证。证券网上开户、网贷、保险等其他金融领域都在身份验证环节采用了生物识别技术和密码等安全技术。

3. 金融 IC 卡

金融 IC 卡即银行发行的芯片卡，主要应用了密码技术，采用 SM 算法，已经在我国推广形成规模化应用。金融 IC 卡的安全性主要来自芯片安全技术和算法技术。2015 年，中国人民银行发布了要求各银行发行的芯片卡应符合 PBOC3. 0 标准的通知，随着 SM2 国产算法升级，我国进行了大面积的升级工作，有效提高了金融 IC 卡的安全水平，加强金融信息安全。

4. 智能柜台

智能柜台的发展大幅提升了银行营业网点的服务效率，也缩短了客户办理业务的时间。智能柜台和智能设备的使用已越来越多地代替了柜面业务。智能柜台应用中，除了人工智能技术之外，生物识别和密码技术也起到了关键性的作用。

（四）安全技术未来发展趋势

生物识别技术和密码技术都与云计算、大数据、物联网、人工智能、区块链等其他新技术在快速地交叉演进，这些金融科技的发展不断改变信息系统的架构，也不断带来新的信息安全问题。

1. 密码管理规范化、科学化、法治化

未来需要引导和规范密码在这些新兴金融科技领域的标准和应用，加强各行业、各领域网络与密码技术标准的协调统一。

国产密码性能优越、国密算法可确保信息安全的自主可控，这一趋势将会进一步加强，加速国家信息产品国产化的科学发展。

《中华人民共和国密码法》的出台使密码领域的法律逐渐完善，促进密码行业的法治化和健康发展。

2. 与区块链技术的结合，使密码技术越来越成熟

区块链与密码技术的结合虽然已经有了一定的突破，但是未来发展中还有一定的困难和挑战。区块链的性能受到核心技术弊端的影响，而密码技术底层算法、协议的突破能够起到补充的作用。区块链技术的发展将有效地为密码应用提供有力的支撑，使密码技术越来越成熟。

3. 与深度学习的结合，使生物识别技术应用越来越广泛深入

生物识别技术在应用中存在准确率的问题，而深度学习技术在识别上的精准度，可以有效解决生物识别中存在的问题，在实际应用中减少干扰环境因素的影响，使其应用更加广泛。

金融基础设施是金融体系的重要组成部分，是金融市场运行的核心支撑，在金融市场中居于枢纽地位，是金融市场稳健高效运行的基础性保障。

扎实稳固的金融基础设施建设，有利于金融市场稳健运行。金融基础设施越发达，越有利于金融市场发挥其资源配置的功能，越有利于金融机构服务实体经济，越有利于监管机构防控金融风险。

完善的金融基础设施是金融高效安全运行的基础。在我国经济新常态背景下，供给侧结构性改革不断深化，经济发展从要素驱动逐步转为创新驱动。利用大数据、云计算、区块链、人工智能、5G 等新兴技术手段，打造数字化、信息化、智能化的完善的金融基础设施，有利于提高金融市场运行的效率，降低金融业运行的成本，一定会带来金融市场翻天覆地的变化，并能极大地提升我国金融业的国际竞争力。

第四章　金融科技视角下普惠金融财务发展

第一节　普惠金融概述

一、普惠金融的概念

普惠金融有别于传统金融，它强调要构建一个包容性的金融体系，目标是在任何经济主体有金融服务需求的时候能够为其提供理想的金融服务。普惠金融的“普”与“惠”高度概括了普惠金融的内涵。首先，普惠金融的“普”字，说明了金融服务的普遍性，体现的是一种平等权利，即所有人应该有获得金融服务的机会，从而保证其有效地参与到社会的经济发展当中，进而完成全社会的共同富裕、均衡发展的目标；其次，普惠金融的“惠”字即惠民，指金融服务的目的就是便利金融的需求者，即强调金融对普通人特别是贫困弱势群体的支持，体现了金融为人民改善生活水平、为企业提供融资渠道带来便利。普惠金融强调金融服务的普遍性与平等性，服务社会各个阶层，进而实现全社会的共同富裕、均衡发展的目标。

随着普惠金融核心内涵的逐步明确，普惠金融概念的外延也在不断演进和丰富，涵盖包括账户、储蓄、信贷、支付、汇款、保险、养老金、证券等各类金融产品和服务，已逐渐形成一整套涉及金融基础设施建设、金融改革和结构调整等重大问题的发展战略和操作理念。如今，普惠金融被视为国家和全球层面涵盖广泛的综合性政策目标，涉及一系列产品、消费者群体、金融服务提供者、交付渠道、政府机构以及其他利益相关方。

二、普惠金融的关键要素及意义

（一）普惠金融的关键要素

普惠金融的定义中包含四个关键要素：可得性、多样且适当的产品、商业可行性和可持续性、安全与责任。

1. **可得性**

可得性是指消费者在物理上能够充分接近各类服务设施，可便捷地获得和使用金融产品和服务。可得性不足会给金融服务不足群体带来高额的交易成本，导致正规金融产品和服务的获得和使用水平较低，影响消费者的选择。在许多国家，金融机构根据经济效益设置分支机构，导致金融弱势群体金融服务的可得性严重不足。为扩展金融服务的可得性，金融服务提供者进行了有益的探索。一是建立为金融服务不足群体提供低成本、简单业务的实体网点，如中国的村镇银行、卢旺达的储蓄与信贷合作社；二是建立无网点的服务设施，以较低的成本为消费者提供更便捷的金融服务，如自动取款机（ATM），印度尼西亚、马尔代夫等国的船载银行、摩托车银行、汽车银行，越南的移动自动取款机，印度、俄罗斯等国具有支付功能的售货亭；三是利用便利店、邮局、大型零售商或其他店铺等第三方代理机构的代理模式，这些代理机构主要依靠 POS 机和移动设备运营。零售代理机构在巴西、中国、印度和秘鲁等国家被广泛应用。

尽管这些新模式能够提高金融服务可得性，但发展并不均衡。从小额交易中获取的收入往往难以弥补前期投资和运营成本，制约普惠金融发展的成本收益问题仍然没有消失；金融服务提供者或服务渠道存在差别，不同的网点类型在便捷性、产品提供、渠道功能以及运营质量等方面有很大差异；金融服务提供者的代理点在多大程度上能提供实体网点的基本业务功能受有关法律、监管规定及实际商业模式的制约；手机和计算机等个人数字设备不能完全取代消费者与金融服务提供者之间面对面的交流，尤其是首次进入正规金融体系的消费者。

2. **多样且适当的产品**

多样且适当的产品是指设计合理、能够满足消费者需求的产品，特别是针对那些无法获得金融服务和获得服务不足的群体。金融产品的合适性体现在可负担、便捷、产品与需求匹配、安全、维护客户尊严、保护客户权益等方面。在产品设计过程中，应深入地了解客户群体的特征和需求、金融服务消费者行为偏差、便利性、可负担性、产品覆盖面及多样性等因素。近年来，数字技术在促进产品多样化方面的重要性日益凸显，包括适用于数字载体的金融产品和服务创新（如移动货币、网络借贷），数字技术驱动的商业模式创新（如利用大数据进行信用评分、代理模式创新等）及通过数字技术渠道获取传统的金融产品和服务。数字技术的发展降低了金融服务提供者创新金融产品与服务的成本，使金融服务需求者能够获取更加丰富的金融产品和服务，有助于普惠金融目标的实现。

3. **商业可行性和可持续性**

商业可行性和可持续性是指构建和维持良好的金融生态系统，使金融服务提供者能以

成本节约的方式、长期可持续地提供产品和服务。实现商业可行性和可持续性需要三个关键因素：一是多元、竞争和创新的市场。各类金融服务提供者，包括商业银行、农村地区的银行、金融合作社、微型金融机构、邮政银行、支付服务提供者、移动网络运营商以及金融科技公司等，可以共同推动产品设计或交付模式的创新，在普惠金融方面发挥各自的作用。二是强大的金融基础设施，包括信用基础设施（征信体系、担保交易体系、抵押登记以及破产制度）和全国性支付体系，能够支持信息和交易在市场主体间有效传输。三是政府部门的有效作用，包括与私人部门建立良好的政策对话机制、建立有利的法律和监管环境、构建覆盖面广、稳定可靠的金融和信息通信基础设施等。

4. **安全与责任**

安全与责任是指负责任地向消费者提供金融产品和服务，同时，普惠金融政策目标应与金融稳定和市场诚信的政策目标相一致。具体而言，一要加强金融消费者保护，这对增强消费者对金融体系的信任至关重要；二要提升消费者金融能力，包括消费者的知识、态度、技能和行为等；三要确保金融体系的安全和稳健；四要维护好市场诚信。

（二）普惠金融的意义

发展普惠金融，让社会各个阶层的经济主体都能获得所需的、合理的金融服务和金融支持，对于可持续、平衡、包容性的经济增长至关重要。通过引入制度安排和金融科技，解决传统金融体系存在的资源配置等问题，普惠金融在新时代、新经济的推动下，得到跨越式发展机会，在推动宏观经济增长和经济结构转型升级、增进民生福祉、促进社会公平与和谐等方面，普惠金融的作用日益突出，重要意义不断显现。

1. **助力宏观经济增长**

普惠金融的发展，推动金融市场向偏远地区、弱势群体供应更为完善、合理、丰富的金融服务产品，满足其多层次、多元化的金融需求，使金融的供给侧和需求侧合理匹配。特别是在一些传统金融体系账户业务服务能力不足的地区，移动技术和信息化的发展，使得支付、信贷等金融服务的获取不再高度依赖物理网点或者物理机具，金融机构能够在更大范围内提供普惠性的账户和存款服务。普惠金融打破各种制度性、政策性的障碍，通过创新的金融工具，将储蓄、信贷等金融资源进行跨主体、跨行业、跨地区的有偿转移，促进金融资源的合理流动，将进一步提高金融资源的利用效率，引导社会储蓄流向最具生产力的领域，从而提高生产率，为实体经济发展和产业转型提供高效的金融支持。

普惠金融发展也促进了人力资本的形成与积累。借助普惠金融，低收入家庭可以获得更多的金融支持，有助于延长年青一代的受教育时间，提高教育投入，提升教育水平与教育公平，促进家庭人力资本积累，进而提高资本的边际收益，促进就业增加，从而有助于扩大社会总需求，提升经济发展的动能。

普惠金融将促进经济实现包容性增长。尽管国际上对于包容性增长并没有统一、明确的定义，但普遍认为，最大数量社会劳动力参与经济活动中，保障所有人的经济参与权与受益权，从而实现经济均衡、协调和可持续发展，是包容性增长的主要特征。包容性增长和普惠金融系出同源。

2. 促进共同富裕

中国特色社会主义进入新时代，我国社会主要矛盾已经转化为人民日益增长的美好生活需要和不平衡不充分的发展之间的矛盾。增进民生福祉是发展的根本目的。普惠金融作为一种新的理念和新的制度，在新的发展阶段下，具有巨大的发展潜力，将成为推动解决新时代我国社会主要矛盾的有效措施之一。普惠金融强调“普惠性”，一方面体现金融服务的普遍性和平等权利，即所有人应该有获得金融服务的平等机会，从而保证其有效地参与到社会的经济发展中；另一方面体现金融改善人民生活水平，使金融改革发展成果惠及所有人民。通过发展普惠金融，满足人民群众日益增长的金融服务需求，增强广大人民群众对金融服务的获得感和满意度，特别是弱势群体能够以平等的机会、合理的价格、便捷安全地享受到符合自身需求特点的金融服务，有利于缩小收入差距，减少贫困，消除区域间的不平衡，有助于进一步贯彻新发展理念，解决好发展不平衡、不充分问题，提升发展的质量和效益，进一步增强人民的获得感和幸福感，推动实现全社会共同富裕、均衡发展。

3. 有利于金融稳定和社会公平

普惠金融的理念是人人都有获得金融服务的平等机会，因此，普惠金融推动金融服务的门槛降低。从个体层面来说，能够使经济弱势群体享受到基本的金融服务，帮助其获得公平发展的机会和权利，在保护其有限财富的同时增加其收入来源；使个体在经济波动时能够平滑消费支出，降低流动性风险，提升其财务健康度和风险承受能力。从行业层面来说，普惠金融和金融科技相结合，给金融业带来了新的机会，也促进了金融业的竞争，迫使金融机构进行产品创新和服务升级，推动金融业整体服务能力的提升和可持续发展；同时，促使金融机构将信贷资产扩展到更广泛的客户群，避免集中于少数大客户和重资产的周期性行业，分散其经营风险，有利于维护金融稳定。从整个社会层面而言，构建普惠金融体系、提供金融服务不但能够使贫困者摆脱贫困，度过经济困难导致的生存危机，也能

改善他们的子女教育，提高其生活水平、健康水平，还能提高妇女的家庭收入，提升其家庭、社会地位，同时有利于改善公共基础设施建设等。通过诸多方面的改善与提升，普惠金融对缩小贫富差距，改善民生，促进社会公平稳定、和谐发展都有着广泛而深远的意义。

第二节 辩证地理解金融科技与普惠金融

一、打造科技金融扶贫“软件”

近年来，科技和全球化拉大了发达国家之间的“贫富差距”，但是发展中国家通过得当使用科技能够消除“贫富差距”。中国作为最大的发展中国家很有必要利用科技实现普惠金融。

一般而言，普惠金融原来指小额信贷、微型金融，现在包括支付、储蓄、保险、理财、信贷等方面。要实行普惠金融，从客户的角度来说，价格要低廉、要可承受；从机构的角度来说，应该采取可持续方式。但是，普惠金融面对的客户是小微企业、农户，交易量小、风险大，收益不确定性高。

（一）政府发展普惠金融的路径选择

政府发展普惠金融有两条路可以选择：一是传统的方式，比如，通过财政补贴支持农村金融机构发展，以及成立民营银行、村镇银行和正在推动实施的两权抵押贷款等；二是以科技金融的方式更好地实现金融扶贫。前一段时间互联网金融很时髦，现在互联网金融成了“过街老鼠”。互联网金融本身不是问题，关键是政府应该制定一个很好的金融监管框架，可以使互联网金融健康发展，在服务贫困地区的农户和小微企业方面大有作为。事实上，以科技金融的方式介入扶贫，普惠金融可以做到事半功倍，因为科技金融具有以下优势：

第一，科技金融发展有助于拓宽传统金融的服务对象和服务范围，有助于缩小金融服务的差距，促进贫困地区的金融发展，更好地实现包容性金融发展。手机银行就是一个典型例子，长期以来受制于运营成本和交通条件等因素，贫困地区的金融机构商业可持续性较差、金融基础设施有限，但是移动数据和宽带技术的创新使得金融服务不再依赖于银行网点。

手机还有一些能够广泛应用到金融服务的功能。比如，生物识别、历史通话记录、摄像机、通过短信和消息进行沟通、通过声音进行沟通、图形界面、互联网接入、位置标识、无线通信、远程监控、触碰式屏幕、唯一的用户标识、允许客户和服务供应商之间的信息双向交换（交互式菜单）等。这些功能可以用来研发新型的金融产品、服务和工具。使用手机不同的功能组合可以产生独特的“数字化属性”，并应用于金融服务。数字化属性在提高金融素养及建立正式的金融记录等方面解决了一系列发展普惠金融的障碍。而手机操作界面设计也可以适应发展中国家的环境。发展中国家往往中低收入群体较多，缺乏金融知识，但是可以通过一些设计使用户点击一个图标就可以完成金融服务。

第二，科技金融改变了传统的信贷风险管理模式。信用风险一直是银行面临的最主要风险，传统意义上金融机构是采用抵押品、担保等方式管理信用风险，但是小微企业、三农等领域却难以提供相应的担保品，导致小微企业、“三农”融资难。现在金融企业可以利用用户商业活动形成的大数据进行分析，如销售终端（POS）机上的数据会帮助金融机构利用历史数据，通过统计的方法对借款人进行精细化分析和判断，能够精确地实现对同一类借款人的信用测量及定价。而在传统的信贷风险管理方式中往往是根据历史的小样本信贷数据来计算小微企业贷款的不良率，然后据此确定适当的利率，使得利率能够覆盖成本、风险和合理的利润。在现在大数据时代，尤其是在电商下乡兴起以来产生的大数据，可以更好地模拟消费者的行为，更好地测量不良率和定价，设计出更好的产品。

第三，数字货币的开发和应用有利于更好地精准扶贫。不少国家都在研发数字货币，包括我国。数字货币基于密码学，采用集中分布相对均衡的系统，应用大数据分析，用户身份认证采用前台自愿、后台实名。数字货币是可追踪的，使用数字货币有助于解决贫困地区假币问题。再比如，现在我国政府有大量财政补贴通过各种渠道发放，这些资金是不是真正到农户手里了？按照现在的方式，核实成本非常高，如果使用数字货币，就能够很容易地知道资金有没有真正发放到需要补贴的农民手里。此外，还可以通过数字货币来跟踪农民是如何使用扶贫资金的，从而帮助我们设计出更好的扶贫政策。

（二）如何完善科技金融扶贫“软件”

一是需要有效的监管框架。监管框架对推动科技金融发展，保护消费者利益至关重要。比如，可以允许个人通过移动支付、存款账户赚取利息，允许银行接收图像、文档作为实时了解客户信息的步骤，强制规定识别系统，例如肯尼亚的实践。或者可以建立一个全国性的生物识别数据库，比如印度的有关实践。再比如可以允许初创企业参与金融服务等。这些都可以促进数字金融的发展。

二是在推动科技金融发展过程中要保护好消费者权益。监管者可以要求在进行数据收集的时候，要明确获得客户的授权，要明确规定搜集到的不准确数据要根据客户实际进行调整。同时，要有存储客户数据的最小数据管理框架，透明使用用户数据，以维护客户资金安全。这些规定可以为新产品开发和消费者保护营造良好的政策环境。

三是要缩小农民和农村金融机构的“数字鸿沟”。在贫困地区还有一个很大的问题就是金融消费者的教育普及，这也是政府需要推动的事情。只有消除农村金融机构本身存在的“数字鸿沟”，才能更好地推动科技金融助力普惠金融发展。

二、普惠金融“真”未来

中国政府一贯重视普惠金融发展，鉴于共享发展和共同富裕的特殊意义，中国政府多年来通过实施差异化的财政、货币和监管政策，落实扶贫贴息贷款政策，促进农村信用社改革，发展小额信贷机构，引导金融机构设立“三农”金融事业部，普惠金融获得了长足发展并取得了显著成效，“三农”´和小微企业金融服务不断改善，相关制度建设和技术创新都积累了不少宝贵经验。

当前和今后一个时期，普惠金融发展面临着新挑战和新机遇。一是从普惠金融肩负的社会发展使命和潜在需求看，仍然任重道远。根据世界银行的估算，2014 年全球仍有约 20 亿成年人无法享受最基础的金融服务；二是随着金融科技在我国率先获得迅猛发展，更多更好的信用信息处理技术和低成本金融服务拓展方式不断涌现，数字技术为普惠金融的传统难题提供了充满潜力的全新解决方案，但也存在不少悬而未解的问题，许多新的问题亟须进行深入的实践归纳和理论总结。

（一）我国普惠金融发展取得明显成效

中国政府历来高度重视“三农”、小微企业等薄弱环节的普惠金融服务，专门制订了普惠金融发展五年国家规划。回顾近一时期特别是近五年来的普惠金融发展，中国的基本经验是“政府引导和市场主导”相结合。一方面，政府在加强征信支付等金融基础设施建设的同时，也采取一些激励性政策措施引导普惠金融发展，如中国人民银行综合使用差别存款准备金率、支农支小和扶贫再贷款、再贴现等货币政策工具，财税和监管部门出台一系列财税奖补和差异化监管政策；另一方面，也深知政府支持政策不能包打天下，强调普惠金融要走市场化、可持续发展道路，金融机构等市场主体应该在普惠金融发展中发挥主导作用，近年来通过推动金融机构改革，涉农金融机构在财务可持续和服务广覆盖、深覆盖方面同时取得进展。

经过各个方面共同的创新努力，中国普惠金融在账户普及率、储蓄普及率、小额支付和信贷等方面都取得了明显成效。一是多层次广覆盖的普惠金融机构和普惠金融产品体系基本形成。农村信用社改革持续推进，法人稳定在县域的同时，支农支小的效率不断提高；大型金融机构普惠金融工作力度不断加大，“三农”金融事业部在支农支小方面发挥了越来越大的作用；借助电子商务的兴起，银行、保险、支付、财富管理等各类金融机构协同运用互联网、移动通信等新型信息技术，为社会公众提供快捷便民的零售支付、小额存取款、小额信贷和小额保险等金融服务，综合性、场景化金融产品和金融服务不断创新。二是支付结算等基本账户服务基本覆盖全民和全域。三是城乡信用体系建设支持融资可得性得以显著提升。

数字普惠金融的发展具有巨大潜力。数字金融涵盖了传统金融的数字化、移动化以及新兴的互联网金融等领域。数字金融在解决普惠金融传统问题，即小额涉农金融服务的高风险、高成本问题过程中具有天然优势。近年来，中国数字普惠金融的发展成绩有目共睹，从存取款、转账支付等基本金融服务，到贷款融资、保险保障、投资理财等综合金融服务，从小额分散的个体金融服务到相对大额集中的全产业链授信，从前端的信用评估、客户获取到中后端的风险控制管理，数字技术对产品研发、业务模式以及风险控制的渗透正不断深入，应用前景和发展潜力不断拓展：非现金支付方式和数据征信驱动的业务模式，使金融机构能够更准确地识别和管理风险；同时，借助产业链、价值链、商圈、物流等信息系统的支撑，数字普惠金融在极大程度上有效解决了小额涉农贷款中天然存在的高风险、高成本的传统难题，同时在结合线下投资者适当性管理前提下还能够提供保险、衍生品、货币汇兑等组合式服务。

（二）我国发展普惠金融面临的新任务和新机遇

数字金融和移动互联的低成本，以及借助于大数据风险控制的金融服务拓展方式，为传统普惠金融问题的彻底解决提供了前所未有的重大机遇。例如，在支持农业产业结构转型方面，银行借助数字技术，将产业链上的企业之间的赊销关系转为担保关系，提供了规模更大，手段、产品更为综合，介入程度更深的金融服务。类似的金融服务可以将众多分散的个体农户组织起来，更有效地引入大资本、大生产、大市场、大流通，提升农业产业化水平和农产品供给质量。在工业结构转型升级过程中，依托“互联网+”模式，金融服务正在融入智能制造，将为消费者提供更具有个性化、技术含量更高的产品和服务。新型城镇化除了在基础设施建设方面存在巨大的融资需求，更多的新市民也迫切需要拓宽理财投资渠道。在这一背景下，借助数字技术和互联网的普及应用，金融机构的获客渠道将大

幅拓宽，获客成本将大幅下降，风险控制可能做到实时、精准。当然，金融科技和数字普惠要发挥其最大潜力，光是“硬件”好还不够，还需要有好的“软件”，如创新友好、风控有效的监管制度，这也正是我们需要努力的方面。

（三）平衡好创新和监管关系，引导普惠金融规范发展

普惠理念和数字技术都不会改变金融的本质。不管是互联网企业涉足普惠金融业务，还是传统金融利用“互联网+”扩大服务半径，金融行业传统的信用风险、流动性风险、操作风险等依然存在。并且，引入数字技术背景下，金融风险更具隐蔽性，传播速度更快、传播范围更广更深，增加了金融系统性风险，产生了诸如系统安全、信息泄露、投资欺诈等众多与技术及传播范围有关的风险。从当前看，数字普惠金融为社会经济发展带来更多福利，也带来资本的竞相追逐，但大量普通金融消费者的自我保护能力和意识还比较薄弱，还存在监管空白或薄弱环节，跟不上形势发展的需要。这要求普惠金融的推动者、监管者、消费者和提供者倍加关注，引导数字普惠金融健康发展。

一是重视改善数字普惠金融可能带来的“数字鸿沟”问题。普惠金融服务对象主要是弱势群体，由于受教育程度低、收入低、年龄大，对数字技术的理解能力低、互联网金融应用水平低、承担风险能力弱，需要金融部门加以特别关注。所谓金融“数字鸿沟”的实质，是技术进步给大多数人带来福利的同时，可能使少数弱势群体由于数字技术使用主观能力不足，利益反而受到一定影响。这在历史上屡见不鲜，也是自然规律使然。需要从供给侧推进金融机构改革，鼓励金融机构开发针对弱势群体的互联网金融产品和服务。注重普惠金融发展形式的多样化，线上线下相结合，传统金融、数字金融相结合，不搞千篇一律。同时，政府加强普通消费者能力教育。

二是坚决打击披着数字普惠金融外衣的非法金融活动。数字技术是中性的，数字普惠也是中性的，先进技术在促进普惠金融乃至整个金融业发展的同时，也有可能被不法分子利用，诈骗者打着普惠金融的旗号，披着互联网金融的外衣，提供虚假收益的理财产品，消费者以为获取了高息，其实被“收割”了本金。近两年来，互联网金融领域已经出现了多起“跑路”事件。地方政府和相关监管部门应采取断然措施，依照刑法和有关司法解释有效识别这些伪金融创新，区分创新与犯罪，打早打小打准，依法惩处非法金融活动。要规范数字普惠金融机构的信息披露，严厉打击虚假违法宣传，落实投资者适当性管理，强调“卖者有责”。

三是加强大数据背景下的数据安全和个人隐私保护。当前，全球都面临着技术发展迅速而数据保护不足的问题，个人信息泄露重大案件频发。使数据主体获得尊重和安全感，

推动数据市场的有序发展，成为提升金融创新和服务能力的重大课题。要利用数字技术发展普惠金融，首先要能保障数据主体的保密权，以及获取、利用、支配其信息的权利，允许或者不允许他人获悉或者使用自己信息的权利。在中国，立法机构已经明确要求金融机构收集信息应当遵循合法、正当、必要的原则，并承担征得用户同意的义务、明示收集使用规则的义务、保护数据安全的义务。在智能金融快速发展的态势下，还要确保给予或剥夺消费者权益的最终决定由人类而不是机器做出；要强化信息主体的可携带权和被遗忘权，前者指数据主体可以无障碍地以通用的电子格式将其数据从一个服务提供者转移到另一个服务提供者，后者指数据主体有权要求数据控制者删除某些信息，限制数据控制者利用数据进行自动化特征分析。

四是建立负责任的投资者适当性管理的消费者保护制度。针对数字普惠金融服务大量“长尾人群”的特征，要特别注重保护消费者权益，建立负责任的投资者适当性管理和消费者保护制度。不适合普通投资者的金融产品，只有与线下投资者适当性管理结合才能在线上销售。在分业监管背景下，各数字金融业态的归口监管部门，应负责建立各自消费者投诉、受理、处置机制，落实服务标准规范。下一步，还要积极探索综合性的消费者保护机制，建立多元的金融消费纠纷解决机制。动员社会各方力量共同普及数字普惠金融知识，提高公众金融素养，加强风险提示与教育，引导树立“买者自负”的投资理念，构建金融消费者教育的长效机制。

五是加强基础监管制度建设，补齐监管短板。要针对数字金融风险传播速度快、范围广、隐蔽性强等特点，在流动性风险、信用风险、操作风险防范上，加快健全有效的基础监管制度，加强综合监管、协调监管、功能监管。同时，加大监管科技创新力度，充分运用大数据技术丰富监管信息，完善监管手段、改善监管方式，努力提升数字金融监管的有效性。

技术的进步和金融的发展，最终目标都是促进社会和谐进步与更加美好。尽管还面临诸多挑战，但在日新月异的技术进步以及全球范围内日益形成共识的公平共享、可持续发展理念引领下，普惠金融发展正面临着前所未有的重大机遇，正逐渐成为缓解收入差距、创造发展机会、促进经济转型升级以及推动社会公平正义的重要力量。我相信，只要我们创新的是“真”金融，数字条件下的金融风险能够“真”管好，普惠金融必有“真”未来。

三、互联网消费金融乱象与金融价值观

互联网消费金融，指依托互联网技术发展起来的新型消费金融模式，即借助网络进行

线上的审核、放款、消费、还款等业务流程。传统消费金融专注于大额信贷产品，且用户大部分为净值较高的人群，而互联网消费金融则是作为传统消费金融的补充存在的。传统金融坚信“二八”法则，即20%的高净值用户可以带来80%的利润，从而忽视了剩余80%的普通客户。而互联网消费金融则抓住了这部分长尾用户，使他们能享受到真正的消费信贷服务。传统金融造成的缺口正是互联网消费金融崛起的主要原因。

但互联网消费金融的本质还是金融，是金融必然存在风险。加上互联网消费金融平台门槛较低，市场繁荣的同时也产生了诸多乱象，定价不准、操作不规范、产品创新失败等屡见不鲜。特别是以现金贷为代表的部分互联网消费金融机构，普遍利用了网络小额贷款公司监管尚不明确的漏洞，开展业务过程中介入灰色地带，诸多问题频发，造成了较大影响。

（一）监管缺失和监管套利为现金贷等提供可乘之机

网络小贷公司是现金贷业务开展依托的主体。在网络小额贷款公司制度规则尚未明确之前，各地已批设网络小贷公司近300家，存在较大风险隐患。一是允许小贷公司通过互联网在全国范围内经营，但配套监管手段缺失，风险防控难度加大。互联网金融的本质依然是金融，既具有传统金融行业的风险，又因借助互联网等信息化技术，使得跨行业跨地域活动变得更加便利，同时也使得风险变得更具隐蔽性、传染性、广泛性和突发性。一些从业机构注册地与业务经营地往往不一致，资金端和资产端来源地也不一致，对“属地监管、属地处置”形成挑战。再加上这些非法集资活动往往披着普惠金融的“外衣”，受害对象通常是不具有金融专业知识和识别能力的社会公众，社会影响更为恶劣。二是部分省市已突破小贷公司外源融资不超过实收资本50%的规定，小贷公司还通过资产转让、资产证券化等方式进一步加杠杆，但大部分产品未能实现“出表”，实际上仍是小贷公司的负债。此外，还有一些机构无牌经营，涉嫌非法放贷，导致劣币驱逐良币，进一步恶化了行业生态。此外，互联网金融很难区分审慎监管与行为监管，对于守住系统性金融风险底线提出了新的挑战。一些互联网金融机构设立之初是小贷公司，而针对小贷公司主要实施行为监管。但问题是近年来，一些小贷公司借助互联网技术变相吸收公众存款，业务范围迅速覆盖到全国，一旦爆发风险，很可能是系统性的。

（二）持牌金融机构为现金贷提供资金支持

一些持牌金融机构与互联网企业合作，互联网企业以“金融科技”助贷为名，将自己掌握的客户资源推荐给持牌金融机构，由持牌金融机构提供放贷资金，但风险识别、防控和承担责任主体不明确，一旦基础资产违约，不仅容易造成推诿、扯皮情况，而且风险极易传染至持牌金融机构，从信贷市场传染至资本市场和货币市场。

（三）高利息覆盖高风险的经营模式不可持续

为快速扩张业务，现金贷业务风控往往流于形式，用高利率抵补高风险，部分产品的年化借贷利率远超36%的法律红线。高利率又带来用户逆向选择问题，目标客户群体的信用资质不断下降，潜在违约率不断攀升，表面上的低坏账率主要靠做大贷款余额、多头借贷和重复借贷，一旦市场整体增长放缓，风险将迅速放大。

第三节　金融科技助力普惠金融发展

一、数字普惠金融的兴起

数字普惠金融体系是随着数字技术的发展，为解决传统金融体系遇到的发展瓶颈及普惠金融的内生要求等问题而发展起来的。

（一）传统模式的瓶颈

从传统的经济理论来说，资本越少的人应该得到的边际回报越高，但是由于风险的不确定性、信息不对称、逆向选择与道德风险、交易成本、抵押物的缺乏等原因，使得传统的资本边际回报曲线发生了变化，这也是普惠金融之所以能够发展的经济学的基本原理。

传统模式之所以遇到了发展瓶颈，最大的难点在于微型金融企业的双重绩效目标。要同时实现企业的商业效益和社会效益是非常难的，为了实现这一双重绩效目标，微型金融整个行业的发展受到了很大制约，这也就是我们所说的“鱼与熊掌不可兼得”，商业效益和社会效益能不能双高？坦率来说不太容易，原因在于实现商业效益需要较高的价格，即贷款利率要比较高，但价格越高社会效益就越低，这是一对矛盾。对低收入群体来说，融资难、融资贵是一个很大的问题，如果不仅能够获得资金，而且获得的资金是能够负担得起甚至是廉价的，那当然算是真正实现了商业效益与社会效益的统一，但从传统模式来看，确实难以实现。

普惠金融的风险识别、信用记录和数据获得等成本都非常高，传统普惠金融的做法是高成本地定期频繁访问客户，靠线下高密度的物理网点触达低收入弱势群体。从这个意义

上说，“既要维护成本模式，又要实现高社会价值”的双重绩效目标是很难实现的。

（二）普惠金融的内生要求

随着普惠金融概念在不同国家的普及，人们逐渐意识到，普惠金融有着更宽广的外延，它不仅指为那些弱势群体提供曾经无法获得的金融服务，也包括为一般人群提供更为广泛、便捷和廉价的金融服务；它不仅指提升金融服务覆盖面的广度，也包括延伸高质量金融服务的深度。因此，普惠金融是一个动态变化的行动指南，它体现了金融活动的价值追求。

普惠金融需要具备四个内生要求——可获得性、可负担性、全面性和商业可持续性。可获得性是指客户可以基本不受时间和空间的限制，根据需要随时随地获得金融服务，即金融服务通过各种渠道可有效触达目标人群。可负担性是指对于有适当金融需求的人，金融服务的价格是每个人都可以承受的。全面性是指金融服务不仅面向从未接受过银行服务的人，还要面向那些未全面享受到银行服务的人群；不仅满足基本的金融需求（如银行账户、转账汇款、信贷），还要尽可能满足更高一级的保值增值、保险保障需求。商业可持续性是指普惠金融机构不需要依赖于政府补贴，而是财务上自给自足，它体现了一个本质理念，即普惠金融应当是市场化的行为，而并非慈善救济。传统的普惠金融实践往往难以兼顾这四个要求，因此，从世界范围来看，成功案例偏少、推广性不强。普惠金融如果想取得长足发展，需要找到新的突破口。

（三）发展瓶颈与内生要求的解决方案——数字普惠金融

1. 数字普惠金融有可能解决双重绩效目标的难题

目前，世界各国普惠金融领域的专家有一个共识，就是新型的普惠金融是建立在科技基础之上的，简单来说，就是数字普惠金融。数字普惠金融在某种程度上可以解决传统普惠金融所无法解决的一些问题，因此，对于互联网金融和数字普惠金融等的讨论就比较多，比如，中国很多人喜欢用大数据、云计算等来表述，实际上类似问题在国际上也有很广泛的研究。有学者用人工智能、互联网、数据处理、通信手段、终端设备等概念来强调未来普惠金融的一些重大趋势，简单地说就是如何从高接触（High-touch）到无接触（No-touch）。所谓高接触是指频繁地接触客户，属于传统微型金融的做法；现在的无接触是指不需要每天与客户见面，但可通过互联网、手机等新技术模式与客户进行接触。

这种全新的商业模式有广阔的前景，其优点是可以大幅降低传统普惠金融的成本，提高覆盖速度与广度。如果这样一种新的商业模式能够推出，则能真正解决传统金融的“双重绩效困境”难题。科技将在普惠金融中发挥越来越关键的作用已经在全世界范围内逐步成为共识。这样看来，鱼与熊掌也有可能兼得。

在这个过程中，传统金融机构需要下沉，进入普惠金融领域。一些咄咄逼人的新型金融机构通过电商平台、社交平台、供应链平台也不断进入普惠金融领域。此外，还有一些技术类公司也可能弯道超车，进入普惠金融领域。

未来 5~10 年，在普惠金融领域究竟鹿死谁手，犹未可知，这场混战可以说是守成者和求变者的较量。传统金融机构是守成者，新型金融机构如技术公司、电商、社交平台是求变者，它们之间的较量谁胜谁负还不能得出结论，但一定是用技术的手段发展，数字化的普惠金融很可能是未来的发展趋势。

2. 数字普惠金融可以解决普惠金融的内生要求

用“数字化”表达的数字技术、移动互联、云计算等技术进步对于普惠金融的意义何在？从国内外快速发展的实践可以看出，数字化对普惠金融的重要意义主要体现在如下四个方面：

第一，降低金融服务成本，提高金融的可负担性。以信贷为例，大数据、云计算等技术手段在微型金融中的使用，可以以更少的人工干预和人工成本，实现对借款人贷前、贷后还款能力和还款意愿的时时监控，既能缩短业务流程，又能提高贷款质量。这对以人工成本为主要成本的小额信贷机构来说，可以产生颠覆性的效果；对普惠金融消费者来说，意味着可以以较低的借贷成本获得金融支持，提高了可负担性。

第二，增强商业可持续性。金融服务成本下降自然会提高金融服务提供商的利润空间，因而增强其商业可持续性。这个变化将吸引更多的金融机构进入普惠金融领域，改变该领域金融供给不足的状态。

第三，提高金融可获得性。除了金融成本下降帮助提高金融需求及金融供给，从而有助于改善金融可获得性外，普惠金融的“数字化”还通过迅速扩大服务人群和“可触达点”提高可获得性。传统普惠金融依赖实体网点的铺开和工作人员的实地走访，每一家提供服务的机构的服务范围其实都是比较有限的。但是数字普惠金融可以打破地理限制，如阿里巴巴农村淘宝服务站只需一台电脑、一根网线、一间门面房、两三名服务人员即可开展商业和金融服务。

第四，增加金融服务的全面性。数字普惠金融的发展路径可以是传统金融服务加数字技术手段，也可以是数字经济加金融服务。对于后者，由于提供了依托互联网/移动互联网的电子商务平台、社交平台以及其他生活、交友、交易场景，可以更方便地实现对金融需求的场景触达，这不仅包括金融服务的人群更加大众化，而且包括金融服务的品种更加

多样，如第三方支付、小额理财、小微信贷、众筹、微型保险等。

因此，数字普惠金融可以在极大程度上弥补传统普惠金融的不足，帮助解决在金融服务“最后一公里”中所遇到的瓶颈问题，加快普惠金融的发展进程。

（四）数字普惠金融时代的来临

科技进步是推动金融创新的重要力量。在21世纪，普惠金融的巨大发展在很大程度上得益于新科技在金融中的应用。特别是近几年来，数字技术在金融领域的应用为普惠金融插上了翅膀，“数字普惠金融”的概念应运而生，它昭示了普惠金融的发展方向。

1. 数字普惠金融早期阶段——传统金融业务互联网化

在数字普惠金融早期阶段，传统金融机构借助互联网传递信息，在线办理业务，简化、替代市场网点及人工服务。第一代互联网技术和智能手机的普及带来移动支付的快速发展，将线下的金融服务转移至线上，通过互联网平台提供交易撮合服务，通过线上渠道实现金融服务的触达，其典型模式包括网络银行、移动支付、网络借贷等。对普惠金融而言，一个比较大的突破在支付领域。过去普惠金融主要关注储蓄存款和贷款，但对弱势群体而言，其最为常见的一种金融需求是用简单、廉价和便利的方式来完成基本的金融交易，这就需要用到银行的支付系统，而贫困家庭在这方面拥有的简便易行的机制并不多，因为很多人甚至没有银行账户。于是，金融结合数字技术在这方面提供了很多创新，如在撒哈拉以南的非洲就有很多有前景的金融创新，肯尼亚的M-Pesa（肯尼亚运营商Safaricom推出的一项手机转账业务）是该领域的佼佼者。

中国传统金融机构，如农村商业银行也推出了与支付宝、银联在线等第三方支付平台相结合的移动支付业务，同时农村商业银行、邮政储蓄银行等还在农村设置了众多的便民金融服务站点，提供小额支付服务；一些商业银行借助电子银行平台为用户提供信贷、理财、缴费等多元的金融服务。对农村用户来说，只要有移动终端和通信网络，就可以随时随地便捷地获取需要的金融服务。

传统普惠金融与数字普惠金融殊途同归。随着科技的进步，完全传统的不涉及任何数字技术的普惠金融模式将不可能存在，数字与普惠金融的结合能够更好地弥补传统模式的不足，进一步推进普惠金融的发展。

2. 数字普惠金融现阶段——技术驱动金融服务创新，解决场景实际需求

近年来，随着数字技术特别是互联网在银行、证券、保险行业的逐步应用，丰富了传统金融机构传递信息、办理业务的渠道和手段，降低了运营成本，有效地扩大了金融服务

的覆盖面。这种科技进步与金融有机融合的结果是二者的界限日趋模糊，逐渐形成了新的业态。金融创新不再是简单地在传统金融业务之上加上数字化或互联网化的元素，而更多是以非金融机构主导的、以科技创新为驱动的新的金融产品设计，或金融服务商业模式的重塑。

对于这一阶段的金融创新，我们更熟悉的名称是“金融科技”（Fintech）或“互联网金融”。无论是金融科技还是互联网金融，从本质上来说都具有普惠的内生基因——依托互联网或移动互联网，依托大数据、云计算等技术驱动，进行金融服务创新，并解决实际场景需求，特别是解决传统金融没有覆盖或者覆盖不足人群的金融需求，实现普惠金融的目标。

二、中国数字普惠金融的发展

（一）中国经济社会发展迫切需要普惠金融的发展

中国的经济社会结构是金字塔式的形状。从企业角度来说，顶峰是大型企业，顺着往下是中型企业、小型企业和微型企业，最底层是农户；从家庭角度来说，顶峰是高端人群，顺着往下是中产阶级、大众工薪阶层，最底层是农民。这是典型的金字塔式的社会结构，而发达国家与中国不同，发达国家是橄榄形的社会结构，中产阶级居多数。中国则是金字塔形的社会结构，底层人数居多，这是中国经济社会的基本现状。

与经济社会结构相反的是，中国的金融服务结构是倒过来的，呈倒金字塔形。换言之，高端人群、企业和政府机构等，其规模越大越有影响力，能够获得的金融服务也就越多。而顺着往下，中型企业、小型企业、微型企业到农户，所能够获得的金融服务越来越少。金融服务的“倒金字塔”形状是我们讨论普惠金融基本理论的出发点，经济社会的“金字塔”与金融服务的“倒金字塔”不对称的社会状况，使得通过建立普惠金融的方式改变目前的不对称现状变得很有必要。

普惠金融对解决社会经济结构以及金融结构的不平衡有着重要意义。金融是人的基本权利，并开始在全球进行推广，因此，发展普惠金融从理念上来说有很大意义，原来的金融结构不太合理，需要发展普惠金融进行调整；普惠金融对于宏观经济的再平衡有重要作用，比如，推广消费金融是中国宏观经济再平衡中的一个重要举措；发展普惠金融有利于社会转型，有利于中国的金字塔形社会逐步过渡到更加“长治久安”的橄榄形社会，这也是最重要的一点。

（二）中国普惠金融的发展战略

金融危机之后，世界各国和各国际金融机构主要关注以下两大金融主题：一是金融的稳定性，即防范风险，不出现大的金融危机；二是金融的普惠性，即如何使社会具有包容性，实现包容性增长，使得社会结构比较合理。危机的发生使得金融稳定性受到广泛的关注，而现在越来越多的人也认识到普惠的重要性。

从现状来看，中国的普惠金融目前与其他发展中国家相比有值得我们自豪的地方。与印度、巴基斯坦等亚非和拉美国家相比，中国的储蓄调动系统是比较发达的，深入每个乡村，类似高效的抽水机，把农民“边边角角”的钱都收集起来了。但问题是中国的信贷系统比较薄弱，类似低效的灌溉器，问题比较严重，尤其是在农村较为典型。比如中国邮政储蓄银行，作为中国分支机构最多的银行（约有 4 万多家分支机构），有着强大的储蓄与调动能力，但信贷能力相对薄弱。再比如农村商业银行和农村信用合作社等基层的传统金融机构，负债方都做得不错，但资金基本都用在银行间市场拆借、股市、发达城市或地区的投资等，造成了整体金融结构的失衡。如果从银行拓展到保险、信托、租赁等其他金融模式来看，失衡的情况更为严峻。

中国普惠金融未来的发展空间比较大，但目前也存在一些突出的问题。一是小微企业融资难、融资贵；二是金融基础设施薄弱；三是“最后一公里”问题比较突出；四是存在欺诈和误导行为；五是金融知识教育比较欠缺。

此外，普惠金融的基础设施建设内容非常广泛，包括指标体系、信用评分、评级、金融安排、法律制度、微型企业的注册和破产、财务报告等。普惠金融的发展过程涉及很多要素，包括之前讲到的双重绩效目标的实现，商业模式的选择以及规模、成本、人才、管理、风控等。虽然有人把普惠金融形容为草根金融，但实际上其技术含量非常高。传统金融机构之所以没有深入普惠金融领域，技术欠缺是一个很重要的影响因素。此外，普惠金融的培训、教育及能力建设也很重要，国外在这方面做得不错，但中国还没有完全起步，还有一个很重要的基础设施是监管的环境。

（三）数字普惠成为传统金融机构和新兴互联网金融共同的价值追求

在当代中国，数字技术与金融深度融合是大势所趋。不仅是新兴互联网金融机构，传统金融机构也正在探索将移动互联、大数据、云计算等技术运用于金融服务，而数字技术在探索普惠金融的实践中发挥了现有金融难以替代的作用。

数字技术与金融服务结合后，天生具有普惠的基因，主要包括以下四个方面：

一是降低了金融服务的门槛，提升了金融可获得性。

二是显著降低了服务成本，实现了普惠金融的商业可持续性。数字技术的应用大大降低了金融机构的运营成本，从而实现了以较低的价格提供金融服务。

三是提供便捷、个性化的金融服务，能更好地满足客户的多样化需求。由银联和银行共同推动的“云闪付”近场支付（NFC）为传统银行卡收单市场带来新气象，越来越多的客户钱包得到“瘦身”，小额免密免签服务更是极大地提升了交易便捷性。

四是有助于减少信息不对称，为普惠实践中的风控难题提供了新的解决方案：一方面以生物识别为代表的技术创新提升了风险甄别效率；另一方面依托实际场景的大数据保障风险甄别的精准有效。以 Apple Pay（美国苹果公司研发的一种手机支付功能）、Samsung Pay（韩国三星电子研发的一种手机支付功能）为代表的 NFC 已将指纹识别作为身份验证手段，而日渐成熟的生物识别技术将为远程开户和风险甄别提供新解决方案，尤其为金融基础设施较差的国家和地区提供了金融触达的可能。

（四）数字技术帮助中国普惠金融弯道超车

数字技术的应用和推广把中国普惠金融发展带上了快车道，在一定程度上实现了对发达国家的“弯道超车”，这一点体现在中国数字普惠金融体系在可获得性、可负担性、商业可持续性和全面性四个方面的领先。

在网络支付领域，支付宝、微信支付等已经服务数亿用户，数倍于 PayPal 的全球活跃账户；在移动端，PayPal 虽连续收购 Braintree 和 Paydiant 两家支付服务提供商，但其25%的支付笔数增速远远落后于国内银行和第三方支付的移动支付增速。

三、数字普惠金融的社会经济价值

随着数字技术在金融领域的应用和快速发展，金融服务和产品深度嵌入人们的日常生活，带动和促进数字普惠金融的发展。依托于数字技术及互联网平台，金融机构实现了交易成本的降低，充分发挥了金融的触达能力，降低了金融门槛，使得在过去难以享受金融服务的中小企业和农民等弱势群体得以享受金融服务的便利，进而促进普惠金融的发展。

（一）公平前提下提升效率

经济学在一定意义上能够促进社会资源分配在效率和公平两者间的平衡。增进社会公平本身是普惠金融的立足点，而如何提升效率则成为其社会经济价值的重要评估点。

经济学意义上的效率是指资源配置提升的一种状态，通常用帕累托改进来描述。按此

推论，金融效率就是指各经济活动主体所支配的金融资源（货币和货币资本）的配置状态。作为经济运行的血脉、要素，金融效率的高低在很大程度上决定了整个社会经济的运行效率。

普惠金融是指立足机会平等要求和商业可持续原则，以可负担的成本为有金融服务需求的社会各阶层和群体提供适当、有效的金融服务，即金融服务的大众化。相较之前专属于精英阶层的金融服务，普惠金融的服务对象则是以小微企业、农民、城镇低收入人群、贫困人群、残疾人和老年人等在过去难以享受金融服务的特殊、弱势群体为重点服务对象。随着数字技术的发展与进步，POS（多功能终端）机、短信支付，特别是互联网金融等模式的出现大大促进了金融业的发展，更为普惠金融的发展提供了天然优势，极大地提高了普惠金融的效率。按其经济活动主体的层次划分，数字普惠金融的效率可以分为微观组织效率、中观行业效率和宏观经济效率：微观组织效率是指数字技术应用对普惠金融的经营机构带来的效率提升，集中体现在产品服务改进和成本的降低；中观行业效率是指数字技术应用对金融业的促进；宏观经济效率则是指从社会全局层面来看，数字普惠发展对整个社会金融资源配置的提高。

（二）金融服务的改进、扩展和成本降低

1. 数字技术的发展丰富了普惠金融的业务体系

数字技术，特别是大数据、云计算、移动互联等技术的发展大大提高了金融企业的服务能力。首先，金融企业依托海量用户数据，结合地方特色、产业特色和用户特色逐步并深度挖掘用户需求，不断丰富金融产品和服务内容；其次，金融企业利用移动互联技术为用户提供“无时无刻”和“无所不在”的便捷金融服务；最后，数字技术的成熟应用，提高了金融服务的稳定性和安全性。云计算、指纹识别、人脸识别、语音识别等技术，能够保证用户在使用金融产品时的资金安全、信息安全。以上这些变化在支付、融资（债务融资及股权融资）、理财、保险和信用评分领域尤为突出。

（1）支付业务

随着数字技术的不断发展，出现了POS机支付、短信支付、网络支付、移动终端支付等支付方式，而互联网的普及使得这些支付方式也得到普及。当前，我国网民常用的支付方式包括预付卡支付、微信支付、手机银行支付、POS机支付、网上银行支付、第三方移动支付和第三方互联网支付。随着互联网在农村的普及度越来越高，第三方支付和网银支付下沉到农村。

（2）融资业务

数字信息技术的发展促进了信贷业务的便利，催生出大量网络对等借贷交易平台（如拍拍贷）和网络小额贷款公司（如网商银行）。数字技术一方面增强了信贷业务的触达能力；另一方面有效提升了其风险甄别能力，因此，无论是传统金融机构还是新兴互联网金融机构都不断地在产品和服务上创新，为各类企业和个人提供相匹配的信贷服务。此外，网络股权众筹也为中小微创新企业的发展提供了新的融资平台，同时也拓宽了投资者的投资渠道。

（3）理财业务

数字技术的快速发展极大地降低了触达和管理成本，使得理财不再是高净值客户的专属，普通群众作为传统理财业务的“长尾客户”也能享受到便捷优质的理财服务。不仅新型金融机构推出大量以余额宝为代表的微型理财产品，传统金融机构也积极推出面向中小客户群体的银行理财产品以应对竞争冲击，使大众理财产品体系不断丰富与完善。

（4）保险业务

数字技术也快速应用到保险领域。传统的保险机构及新型数字化保险机构的设立，不仅提高了保险服务的可触达性，使得更多潜在客户成为现实客户，而且其设计的新型互联网保险产品更加适合进行“小额”销售，满足了低收入群体的保险保障等更高级的金融需求。

（5）信用评分业务

大数据、云计算、机器学习、人工智能等技术的运用，使得互联网用户的海量数据分析成为可能。在对数据分析的基础上，可以得出该用户的“全息画像”，进而使得信用评分成为可能。数字化信用评分对于降低信息不对称等具有重大意义，同时也是支付、融资等其他数字化业务的重要基础之一。

2. 数字普惠金融降低交易成本

数字普惠金融依托互联网提供的服务，大大缩短了业务流程，降低了交易成本，有效提高了金融服务的效率。据测算，一家标准的物理网点的成本通常接近200万元人民币/年；互联网金融利用技术优势，在覆盖同样人群的时候，成本要低得多。特别是随着移动互联网的发展，互联网金融服务范围拓展的边际成本趋近于零。

（1）减少交易环节，降低显性经济成本

依托互联网的系统性监控技术和分析客户数据表现出的行为特征，金融机构将提高其风险管理能力，降低监督成本和风控成本。

（2）促进信息共享，降低信息不对称产生的成本

数字普惠金融依托互联网的便利性，通过汇聚互联网平台上产生的大量用户信息、产

品信息和公司信息，可以大幅度降低金融交易中的信息搜寻成本；通过大数据处理技术对客户数据进行分析，实现对客户的精准营销，可以大幅度节省决策成本；基于客户海量数据，利用大数据技术观测消费者行为的动态变化，可以大幅度降低贷款全流程的实时监控成本和风险管理成本。

消费者通过互联网也扩大了自身的认知边界，更方便的多种金融业务的筛选和比较，也降低了消费者在金融服务消费过程中耗费的时间成本。

基于数字技术的大数据信用评分会降低交易成本。因为“大数据采集”“大数据分析”会通过提高信息对称程度，降低由于逆向选择、道德风险产生的成本。

“大数据采集”是指运用大数据技术采集多源数据，除了传统银行征信体系的数据信息外，还包括反映授信对象信用状况的其他因素，如社会关系、行为数据、地址信息等，从深度和广度上尽可能挖掘授信对象的信用信息。首先，其基础数据源于第三方合作伙伴提供的数据，既包括银行和信用卡等传统结构化数据，也包括搬家次数、法律记录等非结构化数据；其次，是用户授权的数据，如电话账单、水电煤气账单、调查问卷记录等；最后，是来自互联网上的公开数据，如 IP（网络之间互连的协议）地址、用户搜索行为、社交网络数据，这些数据可以反映出借贷人的性格和行为特征，有利于从深层次挖掘用户的信用状况，评估其信贷风险。大数据分析是对海量原始数据进行分布式大数据自动挖掘，将数据库中的原始数据经过数学建模，提取特征变量，形成不同的特征值，然后放到不同的特征数据分库中，按照相应的百分比计算出最终的信用分数。由大数据采集和分析产生的多维度数据可以反映借贷人的性格和行为特征，有利于更精确地评价用户的信用状况，降低由于事前信息不对称产生的逆向选择成本和事后信息不对称产生的道德成本。

3. 数字普惠金融降低服务门槛，扩大服务范围

数字普惠金融借助于互联网平台，降低了金融门槛，使得金融服务逐渐向大众群体蔓延，扩大了普惠金融的覆盖范围。

(1) 推动解决中小企业融资难题

中小企业占我国企业总数的98%以上，但中小企业融资难一直是长期以来难以解决的问题。数字技术利用大数据风控模型，实现了贷款融资的程序化管理，最大限度地降低了人工干预，降低了成本，在一定程度上解决了传统金融机构由于成本较高而没有动力向小微企业贷款的难题。数字技术在金融领域的运用以及近年来互联网金融的兴起，使大量社会资金通过 P2P（个人对个人）网贷平台和众筹平台，实现了对等的借贷与权益投资，增加了对中小微企业资金需求的供给。在网贷平台上，个人投资者可以通过分散化小额投资，实现对小微企业的贷款；在众筹平台上，投资者可最低投资 10 元甚至 1 元来帮助创

业项目和创业公司的成长。

（2）扩展金融服务的边界，促进农村金融发展

农村金融一直是我国金融体系中的薄弱环节，传统的农村金融服务主要依附于金融机构物理网点的柜台服务，且主要以农村信用合作社为主，其他金融机构在农村的发展并不理想。近年来，电子商务在农村得到快速发展，数字技术基础设施和通过互联网技术在电商平台上积淀的海量数据为农村数字普惠金融的发展提供了条件。

（三）促进金融产业发展

1. 倒逼传统金融业转型升级

信息技术推动下新兴互联网金融机构崛起，倒逼传统金融机构转型升级，产生“鲇鱼效应”。支付宝、余额宝等“宝宝类”理财产品及其他新兴众筹等网络金融平台的出现，由于其便捷性、灵活性、低门槛和相对高收益性，深受大众欢迎。宝宝类产品的出现方便了普通民众，也对传统金融机构产生了冲击。由于大量资金从银行流出，活期存款锐减。

同时，数字技术的发展为传统金融机构的发展开辟了新的空间。从银行业提供的业务发展路径来看，几乎所有创新业务的发展都是基于数字技术的支撑。特别是随着互联网技术的普及，传统金融机构对其核心业务流程进行大规模升级与改造，信用卡、网上银行、手机银行等新型工具的出现，促进传统以现金、支票为主的结算方式走向无纸化、数字化；基于信息技术的自动授信系统、客户信息系统等风险管理决策系统正在取代传统的风险管理方式。这些技术在金融业的运用推动金融机构实现网点智能化，以更快的速度、更高的效率和更强的风险保障能力为用户提供多样化的产品和服务。

2. 改变原有金融业态，促进金融交易脱媒

数字技术在金融领域的应用和发展降低了金融门槛，使得在技术领域先进的互联网企业得以进入金融领域拓展业务空间，改变了原有金融机构的竞争格局。通过数字技术形成的不同类型的资产交易平台，使得交易双方可以通过平台终端直接以低成本实现资金的集聚和项目的匹配，加快了金融脱媒进程。

（1）平台效应对传统金融业态的冲击

信息在金融市场中起着举足轻重的作用，而平台本身具有汇聚海量信息的功能，使得供求双方及信息可以实现有机结合。传统金融模式下，信息存在极大的不对称性，金融机构作为最重要的平台搭建起资金供求双方间的有效联系，但此时资金需求者往往是服务的被动接受者，而且受限于服务产品种类难以满足用户多元化的金融需求。

数字技术的发展则大大改善了这一局面，其在金融领域的普及应用具有天然的平台经济性质，特别是依托互联网技术及网民基础，搭建起数字化金融平台对资源进行整合实现了用户数据和金融资源的有效、充分链接，从而搭建了一个透明、高效、便捷的金融交易通道。

武汉金融超市是由武汉市人民政府金融工作办公室主办，旨在有效缓解中小企业融资困难，助推东湖国家自主创新示范区建设，打造方便企业融资的“一站式”金融服务机构。

（2）长尾效应影响金融交易脱媒

从客户的角度看，数字普惠金融立足于服务占市场绝大多数的中小微企业、普通大众和弱势群体，使金融服务借助数字化的手段泽被大众，体现了非常明显的长尾效应。

传统金融机构在追求利润最大化的商业动机下“嫌贫爱富”，着重关注中高收入群体、特别是高净值人群和大型企业的金融需求。普通大众和中小微企业的金融需求往往被忽视。数字普惠金融关注这类群体的金融需求，将金融触角进一步延伸，从源头上扩大金融服务的覆盖面。

这类群体的基本特征是数量庞大、所支配资金较少、金融知识欠缺、征信体系不健全、社会保障程度低，但这类庞大的群体“积小成大”所产生的金融体量也不容小觑，而且随着农村地区和我国经济的发展，这类人群的金融需求也日益多元化。传统金融机构针对此类群体金融服务过少的现状已经难以满足他们日益多元化的金融需求。而借助于数字技术的优势发展起来的数字普惠金融正在逐渐弥补这一缺失的市场，力求在理财、借贷、信用评分、保险等方面提供健全的金融服务。

（四）推动金融改革

数字普惠金融以理财、信贷、保险为主要服务手段，这些业务领域为金融市场提供了大量流动性高的金融产品。由于长尾市场群体的庞大和数字技术的便利性，数字普惠金融形成的产品大大加快了货币在市场上的流通速度，同时也冲击了传统金融机构的存贷款利率结构，客观上促进了利率市场化的进程。同时，数字技术的发展和网民用户的增多，也促进了互联网支付业务的发展，有越来越多的用户加入互联网支付客户群体中，为数字货币的发展奠定了技术基础和用户基础。

1. 加速利率市场化

利率市场化是实现金融资源市场化配置的重要条件，也是我国经济体制改革的重要内容。长期以来，受到存款利率上限的限制，我国存款利率水平处于偏低的状态，数字技术的发展特别是数字金融的发展打破了这一局面。借助数字手段，普惠金融以互联网为渠道与货币基金市场建立连接，通过平台效应减缓信息不对称，打通了资金供给方与资金需求方，以及不同市场间的信息渠道和资金渠道，模糊了金融业的物理边界，使用户可以将少量、“碎片化”的闲置资金以灵活的方式投资货币市场基金。如支付宝联合天弘基金推出的余额宝、腾讯与易方达基金合作推出的理财通、天天基金推出的活期宝等，因其便利性、灵活性和相对高收益性一经推出便迅速得到了网民的拥护。

2. 促进数字货币的发展

随着数字技术在金融领域的应用和发展，货币形态也发生了巨大的变化，电子货币逐渐取代纸币成为重要的支付手段。当前在支付领域，居民的支付方式越来越呈现终端化和数字化的特点，数字化货币成为必要的支付和投资方式。电子银行、第三方支付、电子货币、虚拟货币和数字货币的出现与发展大大减少了实际交易中纸币的使用次数。依托电子银行和第三方支付平台，用户可以实现商场支付、城市服务（如电费、水费、燃气费等）缴费功能、转账功能、理财功能等，覆盖居民衣食住行的各个领域。

第五章　金融科技视角下的金融行业发展

第一节　金融创新与金融科技

一、创新和金融创新的概念与基本内涵

（一）创新及其相关概念和内涵

1. 创新的概念和内涵理解

创新是各国政府、企业、媒体和社会大众广泛关注的一个重要问题，是名副其实的“网红”，也被广泛应用在各个领域和语境。但对于什么是创新，学术理论意义上的理解与新闻媒体和社会大众的理解则存在较大差异。在汉语中关于创新的理解是指创立或创造新的东西，也就是大众意义上的发生改变，是相对“守旧、不求改进和无意开拓创新”的保守而言。在理论研究中，创新进入研究视野首先源于奥地利籍经济学家熊彼特开创的现代创新理论。他从技术与经济结合的角度提出，创新是指生产函数的变化，是把一种过去没有的关于生产要素和生产条件的新组合引进到生产体系中形成新的组合，从而获得最大限度的超额利润，简单来说就是通过生产要素的重新组合建立一种新的生产函数。具体来说，创新主要有五种情况：①开发出新产品，或开发新的产品特性；②开发新生产方法；③开辟新市场；④开发出新的原材料或半制成品供应渠道；⑤形成新的产业组织形式。

熊彼特提出和分析创新理论的目的是解释资本主义的经济发展现象。在其创新理论中，创新不是外部设计或强加的，是生产过程中内生的，企业家的职能就是通过实现“创新”，形成“新组合”，获得超额利润，即形成新的价值。资本主义的经济发展就是社会不断“创新”，实现“新组合”。因而，创新是资本主义的“灵魂”。创新是一种“革命性”的变化，创新过程并非连续和非均衡进行的。因而，创新很可能意味着毁灭，这也就解释了资本主义的经济周期现象。在熊彼特及其后续追随者的创新理论中，总结资本主义经济周期和创新扩散的发生，通常认为资本主义经济发展至少经历了三个创新推动的经济周期：

第一，早期蒸汽机动力创新推动的工业革命，标志是纺织机械化、煤炭和钢铁产业的大发展，人类社会进入工业经济时代。

第二，电力发明和化石能源技术应用推动的工业革命，标志是电力、汽车、化学产业的大发展。

第三，电子计算机发明及其应用推动的信息革命，标志是电子计算机的普及和广泛应用，从20世纪80年代人类社会开始逐步进入信息化时代。

在计算机推动的信息化革命中，先行工业化国家逐步完成工业化，现代服务业逐步替代工业成为主导产业。信息技术渗透进入其他产业改造形成新的知识经济型服务业，成为各国经济新的增长点。当前以互联网应用为标志的信息通信和网络技术融合推动的互联网革命既是信息化革命的深化，也可以认为是驱动形成新一轮经济周期和创新浪潮的标志。这种推动产业更替、产业革命甚至人类文明进程更迭的新技术体系的发明及其应用，也正是熊彼特眼中的“破坏性”创新。从更微观的角度，克里斯坦森也将类似具有重大影响的技术发明称为颠覆性技术创新。显然，如果从人类产业与科技双向互动演进的历史长周期视角来观察，当前我们正处于互联网创新的大规模扩散过程中，包括金融业在内，几乎所有产业都曾受到或正在遭遇“破坏性”或“颠覆性”影响。本书关于创新和金融科技的讨论正是基于这一技术或创新背景。

2. *创新与技术创新和科技创新*

在创新研究的早期，尤其是在熊彼特之后，随着诺贝尔经济学奖得主索洛对技术进步的开创性研究，理论上的创新更多被认为是技术进步，在生产函数中通常可以表示为除资本和劳动之外对经济增长的贡献。在罗斯托等其他相关研究中，也被称为技术创新。尽管后来研究中随着创新经济学的兴起，创新再次回归到熊彼特的初始思想，但关于创新与技术创新之间的界限日益模糊。由于创新或技术创新研究中量化和实证方法的盛行，因此，至少在经济和多数管理学研究中，通常认为创新就是指技术创新，或认为一般意义上的创新是指新技术和新产品等开发和商业化变革，而技术创新则是指在经济学研究中生产函数意义上生产要素组合的变化，是一个经济学和管理学概念，与具体技术或产品变革无关。在某种意义上，这也是导致社会大众与学术理论研究对创新存在不同认识的根源。

与此同时，随着新技术革命的发展，科学研究与技术开发之间的界限日益模糊，尤其是新技术对经济社会发展影响的日益增强，科学科技界也在重新思考创新问题。受经济、管理学科影响和实践启发，科学科技界也认识到创新不应是单纯的研究开发，而是一个科技、经济一体化的过程，由此产生了科技创新的概念。科技创新概念来源于技术创新概念，区别在于科技创新更加强调和重视科学研究与科学发现。也有研究认为，科技创新包

括科学创新与技术创新。当然，科技界更多认为，创新就是指科技创新，除技术创新外还包括知识创新、管理创新、组织创新等。尽管学界对科技创新的概念和内涵仍存在不同认识，但通常可以认为，科技创新是指研究开发出新技术、新工艺、新设备、新装备，或开发出新产品，提高生产效率、降低生产成本或提高产品质量。

显然，在不同学科甚至在不同语境下，创新、技术创新、科技创新三种表述既存在高度吻合、重叠的部分，但也有各自不同的内涵和外延。从产业和微观角度来看，研究开发和应用新技术、开发新产品、新设备、新装备、新服务始终都是企业创新的核心诉求，科技创新可以理解为与科技研发和具体技术相关联的硬技术创新，也是创新的核心内容。全面创新包括科技创新、管理创新、品牌创新、组织创新和商业模式创新。这种更加通俗的表述既解释了对创新的不同理解，也更好地阐明了金融科技促进形成的金融创新是多维度的，需要综合理解。

（二）金融创新的内涵与类型

1. 金融创新的概念与内涵

金融是现代经济和现代社会运行的血脉。实施创新驱动发展战略，不仅要增强金融创新对技术创新的助推作用，同时也要意识到金融创新、金融信息服务创新是国家创新体系建设的重要组成部分，金融创新和金融信息服务创新不仅对金融的稳健、可持续运行，甚至对国民经济的稳定运行都有着不可忽视的重要影响。

另外，国内学者借鉴熊彼特的创新理论，提出金融创新就是为了追求利润，重新组合各金融要素，在金融领域内建立“新的生产函数”而进行的市场变革。在此意义上，金融体系和金融市场上任何新事物，包括金融工具创新、支付手段创新、金融市场创新甚至新的金融组织形式和管理手段都属于金融创新的范畴。显然，与国际清算银行的定义相比，这是一般意义上的金融创新，也是理论化的金融创新。此外，很多研究都认为从不同视角观察，金融创新的内涵也存在不同理解。例如，在宏观层面，实际上可以认为金融创新是金融史上的重大发展和突破，包括技术、市场、服务、产品、组织和管理等各种相当广泛的变革。在微观层面，金融创新通常可以理解为与信用、风险、流动性、股权管理等相关的金融工具创新。显然，由于宏观层面和微观层面的理解或者过于宽泛，或者过于窄化，因此，在中观层面，金融创新通常可以理解为在 20 世纪 60 年代后，适应监管和外部环境变化，金融机构和金融监管机构改变金融中介功能以创造形成更高效率资金运营方式或运营管理体系的过程。这也是当前对金融创新的主流观点。

2. 金融创新主要类型及内在联系

按照上述观点，结合理论与实践的角度来看，金融创新既是金融企业为追求更高风险收益和更高利润而重新组合金融要素、创新金融产品和金融工具，也应该包括支撑、支持甚至是推动金融产品和金融工具创新的金融技术、金融方式、金融机构、金融组织、金融市场，甚至是金融体制、金融监管等多方面的创新及变革。综合各方面研究和实践，大致可以归为以下几种类型：

①金融制度创新，主要包括金融监管和监控组织制度和管理制度等，如汇率等国际金融管理制度安排，国家金融管理体制、信用制度、金融产权制等，也包括金融管理政策如风险、资金、从业许可和资格管理等。

②金融产品创新，主要包括为满足用户和市场需求以及风险管理需求等开创的各种金融工具、金融产品和金融衍生品等。

③金融服务创新，主要是金融交易方式、服务方式方法、服务手段和载体设备等创新。

④金融组织创新，包括金融机构创新、金融业结构创新和金融机构内部与组织结构相关的各种变革，如总分行制、金融控股公司制等。

⑤金融市场创新，主要指适应不同金融产品交易等设立的各种交易市场，如不同形式、跨不同地域的证券市场、债券市场、黄金市场、保险市场、票据市场、期货市场等。

⑥金融科技创新，主要是为提高金融服务速度、效率，满足规模、安全性、及时性等各种需求，各种先进技术和设备在金融领域的应用。

金融产品创新（含金融工具创新）是当前金融创新的主要表现形式，其他任何类型的金融创新都将对其产生影响；反过来，金融产品创新也会影响金融组织、市场、服务、制度和科技创新。金融组织创新和金融市场创新是隐藏在金融产品创新背后，支撑金融产品创新的平台和载体，金融服务创新则是其重要的体现形式。金融科技创新如同金融制度创新一样，是金融运行的基础，对所有其他各种形式金融创新都有着不同程度的影响。从金融的角度，金融信息服务创新与金融产品创新和金融市场创新之间互为影响。例如，证券价格指数服务主要来源于证券和证券市场；反过来，根据股票价格指数对股票市场价格趋势进行反映，将其设计成股票价格指数期货，又形成新的金融产品创新。由于金融信息服务体现出不同的属性和价值，其部分体现为金融服务创新，如资讯服务、顾问服务、信用管理等，也有部分属于金融产品创新，如股票价格指数和信用评价服务等。

二、金融创新与金融科技的互动关系

（一）金融创新与科技创新关系的一般分析

表面上看，金融创新与科技创新是两类孤立的创新活动，或者认为科技创新更多地需要金融创新提供金融支持。但实际上，成功的金融创新与科技创新既互为供需，也互相影响。从科技创新的角度看，金融创新为其提供金融支持，满足其融资需求、风险管理需求和资本激励需求，包括研究开发全过程的不同形式的资金需求，财务、投资、并购、风险投资、科技担保、保险和资本市场等服务。不同形式的金融创新发挥不同的功能，可以满足科技创新资金和资本需求，支持科技创新发展。其中，我国科技部门高度重视的科技金融最典型。科技金融虽然强调针对符合科技创新活动规律和需求，为科技研发、成果转化和科技型企业经营发展提供创新性的金融产品和金融服务，但其实质是以金融为手段，强调利用现代金融要素为科技创新服务，引导和促进科技创新发展，同时也带动新型金融部门和金融业务的发展。

从金融创新的角度看，科技创新主要是为现代金融运行和创新提供技术支撑。甚至有研究认为，科技创新是金融创新的动因。关于金融创新的动因，理论上有不同的总结。例如，需求理论认为，利率、汇率和通货膨胀率波动迫使金融机构为应对不稳定环境推出新的金融产品。约束诱导理论认为，金融机构为规避金融监管约束，寻求最大限度金融创新以实现利润最大化。当然也有理论认为，根据创新动机不同，技术推动型金融创新就是金融创新的一种主要类型。例如，银行卡和自动存取款机就是大众能普遍接触的两种。事实上，驱动金融创新是多方面因素共同作用的结果，其中之一就是科技创新推动新技术、新设备在金融业的应用，最典型的就是现代信息通信技术大规模应用，为金融创新提供了物质和技术上的保证。由于计算机通信技术应用大大提高了信息处理速度，缩短了金融交易时空距离，拓宽了金融服务时空范围，降低了资金交易成本，如银行卡、证券交易电子化、实时指数服务等金融工具创新和金融服务创新都成为可能。

（二）信息通信科技创新促进金融创新和金融再造

1. 信息通信科技创新促进重大金融创新

如果分析具体科技对金融创新的影响，信息通信科技自然是首当其冲，本书前述对金融业信息化历史的回顾已经说明这一点。实际上，20 世纪以来的金融业重大创新或标志性创新几乎都是信息通信科技创新的结果。以商业银行创新为对象的研究发现，例如，今天广泛使用的信用卡得益于磁条技术的出现，只是在21世纪后开始逐步被芯片技术所替代。ATM机的发明改变了银行的经营服务模式的第一次重大变革，POS机的发明改变了银行与商业的关系，它们都得益于计算机、通信技术和光电一体化技术的进步。

2. 信息通信科技促进金融再造

值得特别指出的是，金融信息化过程中并非简单应用信息通信技术。如果说早期金融业应用电子计算机等进行数据处理，以及逐步实现业务处理电子化和经营管理电子化还是日常业务经营管理需要，属于业务驱动的被动型适应，那么在这一过程中金融业逐渐意识到应用信息技术的重要性，开始主动转变，把信息技术应用作为经营和提升核心竞争力的重要手段。

事实上，金融业应用信息通信技术的过程也是金融再造（Financial Reconstruction）的过程。早期第一代金融再造主要是强调以金融业务流程为中心，跨部门整合金融机构内的业务活动，形成一个流程整体。这实际上是金融业务流程再造。金融机构将不同功能的业务分割成不同业务系统或管理系统，不仅要通过计算机或电子化替代人力以提高效率，更重要的是可以优化业务流程，并反过来通过软件系统的方式对优化后的流程进行固化，使得业务操作可以标准化和规范化。与此同时，随着金融信息化转向互联网化，金融再造不仅重视信息通信技术应用，更强调整合金融机构内、金融机构间以及金融机构与其他机构间的资源，打造虚拟式组织，将金融机构重整为多机构共同紧密连接、协同运作的中枢。因此，信息通信技术的应用不仅改变了金融的服务模式、促进了管理和决策优化，实际上也改变了金融机构的组织形态。

（三）金融创新高风险萌发金融高科技创新需求

1. 金融创新天然的高风险特征决定其创新方向

在熊彼特最初的创新思想里，创新是企业家最大限度获取超额利润驱动的结果。金融创新也不例外，众多研究从不同角度都证实，金融创新的基础是微观金融组织为了规避各种金融管制和政策，以降低交易成本或转移风险，从而寻求利润最大化。高收益总是与高风险相对应，与微观金融机构以利润最大化为目的的金融创新相伴生的就是无限制的风险。因此，从风险的角度来看，微观金融机构的金融产品和金融工具创新历史就是一部以逐步放大风险为特征的创新史。

进入21世纪后，传统金融业务发展已非常成熟，无论是金融机构还是金融市场，都更加重视金融创新以拓宽金融业务范围，获取更多利润增长渠道，由此进一步推动高风险的金融表外业务和证券化业务不断发展，包括金融交易工具多样化发展，如除原有期权交易和期货交易规模增加对金融市场影响显著增加外，资产证券化、长期贷款证券化、CD存款证券化、可转换债券等日益流行。银行表外业务的大幅增长，票据承兑、跟单信用证、循环贷款承诺等新型表外业务不断出现，甚至成为商业银行利润增长主体。

2. **加强金融创新风险管理需要加强金融科技创新提供科技支撑**

从信息经济学的角度来看，金融风险的产生主要是金融创新过程中加剧了金融活动供需之间、金融市场主体与监管主体之间等信息不对称。要消除信息不对称造成的金融风险，既需要发挥金融信息服务的信号导向和引领作用，也需要用金融科技手段提供支撑。尽管金融科技创新为一些企业新技术突破市场边界和现行监管制度，甚至是以金融科技创新名义违反操作或操纵市场，导致风险滋生，但加强风险管理归根结底还是要依靠信息科技手段。通过金融科技创新应对金融创新风险，近期最新的讨论主要集中在监管科技（RegTech），即采用云计算、大数据、区块链、人工智能等最新的现代信息技术及其应用，优化和改造监管和监察等业务，满足合规和风控要求，提升监察系统的分析能力，提升业务监控和合规实际效果。主要有以下六个方面的应用：

①利用云计算等技术，加强监管信息收集与分析，提高监管信息可得性和及时性，并及时、准确传达给相应市场和监管对象。

②利用嵌入式监管系统，发挥软件系统迭代优势，降低监管规则和标准升级带来的成本，提高监管和风险管理的灵活性。

③利用机器学习和人工智能技术，简化和优化内部流程，减少人工干预、降低成本，提高效率。

④利用大数据挖掘、分析和可视化报告展示技术，加强对海量异构数据分析处理效率，发掘数据信息效用和价值，提高效率。

⑤利用数据加密和安全传输技术，加快数据传输速度，提高数据传输安全性，减少道德风险发生机会，并降低合规成本。

⑥综合利用上述技术建立预测、预警、应急和模拟机制，控制风险影响范围，降低试错成本。

实际上，早在监管科技的概念提出前，各国金融监管当局都是把金融科技创新作为应对金融创新风险的重要手段。

除此之外，针对近年的互联网金融创新浪潮，国家互联网金融风险分析技术平台对互联网金融平台发展、信息披露和利率变化情况等进行实时监控。

除监管科技的发展和应用外，从金融机构的角度看，以金融科技创新应对金融创新风险更具有现实意义。一方面，金融机构根据近年来越来越多的业务电子化、网络化，都在开发线上相应的风险管理系统，实现风险管理从制度合规向技术合规的过渡，尽可能减少人为控制和道德风险的发生；另一方面，金融机构在近年金融产品和金融服务创新时，往往同时推出相应的金融科技创新措施来规避风险。例如，浦发银行针对中小客户创新推出了互联网贷款产品"点"贷、"快"贷和"直"贷。从名字可以看出，这几款创新产品的竞争力在于尽可能减少甚至是不需要人工审核或柜面审核，系统直接在最短时间内审核客户贷款信用，发放贷款。但由于不需要抵押物，面临的最大风险是客户的欺诈，因此，浦发银行整合客户银行理财、基金、保险等足迹数据、硬件指纹数据以及其他合作运营商的相关数据等信息，进行反欺诈交易系统认证和风险识别。在移动互联网时代，随着传统金融与新兴互联网企业之间的边际界限日益模糊，金融生态在发生变化，金融业务场景化的影响和发展趋势更加明显，将更加依赖金融科技创新以应对新业务创新伴生的风险。

第二节　金融科技与金融信息服务商业模式发展

一、金融信息服务商业模式发展概况

（一）金融资讯服务

1. 金融新闻媒体服务

资讯服务是金融信息服务最早，也是最主要的一种服务。从起源来看，起初是各种金融新闻媒体，包括综合性财经或专业性金融等新闻为主导的媒体，包括电视、报纸、期刊、广播等。例如，《中国证券报》《上海证券报》《证券日报》和《证券时报》分别被中国证监会、银保监会指定为上市证券公司、保险公司、信托公司披露信息的媒体。此外，以传统金融新闻媒体报道信息为数据源，加工生成的各种数据库是媒体资讯服务的延伸。由于媒体的金融资讯服务和监管较为成熟规范，这部分内容属于传统金融信息服务的范畴，不作为本书研究的重点。

2. 金融信息集成服务

金融新闻媒体是一种面向大众的服务，服务的指向性不强，专业性不高，尤其是及时性无法反映金融市场瞬息万变的动态变化，难以满足金融市场投资者的需求。于是专业性

更高、指向性更明确的金融信息集成服务应运而生，主要是以客户端的形式提供全领域的财经金融资讯、产品、数据及功能强大的信息检索、分析、比较、信息提取与金融投资组合管理工具等服务，国内比较典型的如万得资讯，国外比较典型的如彭博金融终端和汤森路透金融终端服务等。

3. 金融信息门户服务

在互联网背景下，随着信息获取逐渐向互联网延伸，新闻门户成为通过互联网获取新闻资讯的重要手段。金融信息门户集成服务主要是通过互联网门户提供财经与金融投资等综合性大金融信息资讯、数据服务。主要有两种类型：一种是传统新闻门户网站，如新浪、搜狐、网易、人民网等的财经频道；另一种是专业性财经金融门户网站，如和讯财经、金融街、东方财富网等。金融资讯门户虽然也提供财经金融资讯外的其他信息服务，但其主导和优势是财经金融资讯，通常其商业模式主要是吸引用户流量，以互联网广告为主要收入。

4. 金融财经新媒体服务

互联网的发展催生了新媒体的发展，金融财经新媒体主要提供关于金融财经类资讯信息，但与金融资讯门户相比，涉及领域相对较窄。主要有三种类型：第一种是传统财经纸媒体的财经网站，如《财经》新媒体、《21 世纪经济报道》《理财周刊》《经济参考报》等，主要依靠广告和纸媒体补贴为收入来源，多数主要目标是扩大传统纸媒体影响力，扩大覆盖面；第二种是近年新成立的独立互联网财经传媒，如野马财经、虎嗅网、36 氪等。这些虽然名称不同，业务领域和侧重点不同，但总体上都是围绕财经资讯、金融投资或理财服务为主，主要依靠广告或通过新闻资讯扩大影响力促进与之相关的投资、培训、会议等收入；第三种是规模相对较小，但数量庞大的自媒体，或出于个人兴趣经营，或公司企业化经营。资讯来源包括转摘和自创。

（二）金融平台服务

1. 金融集合平台服务

主要是利用互联网平台汇聚提供公共的金融产品和金融服务平台，类似金融超市，同时推动金融投资或金融消费产业链中其他机构和用户进驻，如资金供需双方、担保公司、评估公司、抵押公司、征信公司、律师事务所等。

2. 金融搜索平台服务

主要提供关于金融产品和金融投资的互联网搜索和交易对接服务，同时介绍相关知识和产品、服务比较等。

3. 金融大数据服务

现代金融是一个数据驱动的行业，不仅积累有大量历史数据，每天还产生巨量交易数据，几乎重要业务的运行和推动都需要依赖数据提供支撑。金融大数据是提供与金融市场运行和金融活动相关的数据信息及相关数据加工、统计、计算、分析和应用等服务，也包括利用各种数据为金融行业提供大数据应用方案，金融大数据整合和资产管理服务等。在某种意义上，金融大数据是金融资讯、集合平台、金融信用、金融风险防控和第三方支付等金融信息服务和金融服务的基础。

4. 金融社区社交服务

主要是提供在线金融投资社交（交流）服务工具，以为金融市场参与主体提供信息分享、交流平台，早期如各种 QQ 群、微信群组等，比较专业和形成较大影响的如投资者社交网络雪球、博瑞金融社区、TA 金融理财社区等。以雪球网为例，依托投资者的投资交流社区和良好的社区讨论氛围，通过用户生成内容（User Generated Content，UGC）模式生产大量信息内容，精选内容进一步吸引用户参与，良性循环形成庞大用户群体和较大影响力。

5. 金融信用管理服务

除传统金融征信业务模式外，信用管理服务模式主要是由银行之外的非金融机构，基于企业和个人传统金融活动与生产、购物、社交等场景化活动，收集主体信息并加工整理，采用特定信用模型生成主体信用信息，以及提供征信分析、评价和应用管理服务。

6. 财务投资管理

主要是基于 App，为用户提供金融投资和日常财务规划、管理等服务，包括金融投资产品推荐、金融投资动态变化、投资和银行账户变化、日常消费与财务活动等管理服务。比较典型的有随手记、挖财等。

7. 在线金融教育

主要是通过互联网平台为用户提供金融知识和金融教育服务，比较典型的有融易学、家财网、金融教育在线、中国金融培训在线等，其具体服务对象和服务重点领域也存在较大差异。

上述不同的金融信息服务模式是从众多微观企业开展金融信息服务实践中总结凝练出来的。事实上，具体到特定企业而言，其提供的信息服务产品可能并非限定于上述模式中的一种，而是可能以某种模式涉及的特定服务为主导，同时兼具提供其他模式的某些服

务。最典型的就是金融投资社交模式，目前，大多数金融信息门户、金融信息集成系统，包括部分金融搜索平台都提供了社交功能，通过社交形成不同形式的社区，以强化用户黏性。

二、金融科技与金融资讯服务创新发展

（一）金融科技视角下金融资讯服务创新的重要性和必要性

金融信息资讯服务与金融、传媒和信息服务三个产业发展相关，是金融信息服务中一个基础分支，是投资者了解金融市场和微观金融市场主体动态变化的重要窗口，可以帮助投资者分析市场变化，做出恰当的投资决策。首先，金融投资在某种意义上是基于预期的投资，很容易受外界因素和情绪影响，其中来自市场的金融信息资讯很容易导致信息效应和情绪效应。例如，虚假新闻媒体报道、舆论影响等很容易诱发投资者的非理性和冲动性金融交易行为。健康的金融信息资讯服务可以弥补市场不足，减少金融市场波动。其次，金融投资具有极高的时间价值，对信息及时性具有较高要求。在传统资讯条件下，传统媒体的定期广播方式对信息传播的及时性有较大限制。在互联网条件下，信息通信技术的使用创新信息传播手段，可以克服信息传播的空间和时间限制，大大降低了传播成本，可以更好地满足投资者对金融资讯服务及时性的要求。最后，真实性是金融信息资讯的价值所在，是金融信息资讯服务最基本的要求。没有真实的信息咨询，就无法产生有价值的金融活动。大数据、人工智能等金融科技手段的采用，不仅可以确保信息的及时获取，还可以通过技术手段自动加强信息的加工、筛选和相互验证，提高信息的真实性。因此，金融资讯服务对市场微观金融主体的金融活动、金融行为和金融市场运行都有着重要影响。

显然，从金融资讯服务商业模式发展的历史来看，总体上可以认为主要是技术驱动和用户信息行为模式驱动。由于用户信息行为模式的变化在某种意义上主要还是受技术驱动所致，因此，金融资讯服务商业模式的创新发展归根结底还是技术驱动的结果。金融科技的应用，直接促进了用户信息行为模式包括信息获取、阅读模式，以及金融信息资讯服务中媒体形态和传播方式的演变，不仅造就了互联网金融信息资讯服务模式的主导地位，也成为金融资讯服务模式创新的主要驱动力。

（二）金融信息资讯服务模式的主要类型和形态

根据不同标准，金融信息资讯服务可以区分为不同类型。从提供金融信息资讯服务主体的性质和资讯形式，大致可分为以下五种类型：一是传统媒体金融资讯服务，包括综合

类媒体的财经、金融频道、节目或内容板块，如电视台的财经、金融投资类节目，综合性报纸或都市类报纸的财经、金融板块，专业性财经和金融类报纸等。二是传统金融机构资讯服务，主要是指金融机构或者具有金融背景的机构直接开办的资讯网站，这些网站主要是传统金融机构业务的延伸，它们有定期向客户披露信息的义务，提供投资理财咨询服务，同时也通过网上公布交易产品等信息吸引客户，光大银行的网上银行、券商等都属于这类。三是财经网站资讯服务。根据资讯平台性质，又可以分为门户网站的财经频道和垂直财经网站两种类型。前者如新浪财经、搜狐财经等，后者如和讯、金融界等。相比传统的门户网站的财经频道，垂直财经网站内容更专业、更具有深度，信息资讯服务形式更为多样化，如和讯财经，除了提供最新的财经资讯和评论，还会有新闻周刊、和讯预测、理财产品服务等增值服务。四是财经 App。与财经网站资讯服务类似，也可以分为综合新闻类 App 和财经/金融 App。与财经网站资讯服务内容类似，但对用户服务要求有一定差异，服务形式更加灵活。五是公共财经金融资讯服务，主要是由政府相关部门开设的金融资讯网站，包括宏观经济和金融相关主管部门政务网站的资讯服务等，主要提供的金融信息以财经法规和政策文件为主，定时公布政府的统计研究报告。

根据资讯服务内容传播方式的不同，可分为金融信息资讯内容提供商模式、金融信息资讯分发平台模式（客户端模式）。金融信息资讯内容提供商主要是传统媒体的自主传播模式，例如央视新闻、《人民日报》《南方周末》等媒体客户端；金融信息资讯分发平台本质上也是一种客户端，包括资讯聚合类客户端、门户网站和专业新闻客户端，资讯聚合类客户端如今日头条、一点资讯、和讯财经等，门户网站如腾讯、新浪、搜狐等，专业新闻客户端如澎湃新闻等。从传播角度看，金融信息资讯内容提供商模式依托传统媒体渠道，即使是通过互联网的途径进行资讯传播，但仍然是一种以采编分发为基础的自主传播模式。金融信息资讯分发平台模式则不同，它的资讯来源更加多元，为了更好地体现分发特征，需要在金融科技支撑下，搜集用户资讯需求特征，实现按需分发，这是一种以用户需求为主的资讯平台供给模式。

根据金融信息资讯服务终端平台类型不同，可以分为 PC 端金融资讯服务和移动端金融资讯服务。PC 端主要提供金融/财经门户网站资讯服务，移动端金融新闻资讯分为资讯聚合类和金融垂直新闻门户类。资讯聚合类可细分为嵌入式资讯聚合客户端（UC 头条依托于 UC 浏览器存在）和独立资讯聚合客户端（一点资讯、今日头条等），移动端金融新闻资讯可分为移动端客户端和移动端网页端。用户一般会选择多个渠道来获取金融新闻资讯，新闻门户类 PC 端现阶段还占据较大份额，资讯聚合类在移动端的份额已超过其他类别。

根据金融资讯分发模式不同，金融资讯分发模式可以分为媒体型、关系型和算法型。

媒体型金融资讯分发应用平台主要以人工方式编辑运作，由专业的编辑审核金融资讯的组织、排版以及最后内容的呈现，其内容更具有权威性、综合性和丰富性。关系型金融资讯平台以关系链（关注、订阅、好友等）为基础进行资讯传播，无自有编辑、记者团队，关系链中的传播内容可来自各大平台，部分来自原创。算法型资讯分发平台以用户为中心按照算法推荐信息，通过不断地推送信息，延长用户的停留时间，其内容主要来自其他媒体的内容汇集，在信息推送中深度观察用户行为，挖掘潜在用户需求，聚合类对用户偏好的把握更加精准，提供的有效信息更加集中。

（三）金融科技对金融信息资讯服务模式创新的影响

1. 金融科技促进金融资讯服务融合发展

基于互联网的金融信息资讯服务新媒体提升移动传播力需要从话题选择、内容深挖、表现形式、矩阵分布以及受众选择五个方面进行考量。在互联网环境下，传统媒体的金融信息资讯传播方式已无法适应用户互联网化的转型和信息需求，但这并不意味着传统媒体无用武之地；相反，因传统媒体有完整的采编系统，其资讯渠道是不可替代的重要来源，权威性也显著高于互联网媒体。但受制于出版周期和版面等因素，在资讯规模、表现形式和资讯传播影响力上，与互联网媒体相比则有明显的劣势。由于用户对金融信息资讯的需求与用户金融交易活动密切相关，互联网空间的无限性和交互性使得基于互联网的金融媒体能在资讯服务的基础上提供更多、更灵活、更个性化的增值服务。不同金融资讯方式各有优缺点，用户需求决定了二者必须走向融合。

金融科技的应用则为二者实现融合提供了可能。例如，阿里巴巴收购第一财经媒体后，第一财经媒体利用阿里巴巴商业大数据和其他商业数据，结合自身分析和整合能力，探索大数据的媒体化和大数据商用路径，包括为支付宝用户提供股票行情系统资讯，阿里巴巴则为第一财经网站带来无限数据与流量。在当前垂直财经、金融资讯门户网站中，如和讯、东方财富、金融界等，除了提供传统的金融新闻资讯，还与多家基金公司合作，推出系列附加值服务。资讯平台为用户争取最大化投资收益，依托于金融资讯吸引的现有客户群推出大众化理财产品，将资讯客户直接转化为交易购买客户。

在金融科技应用背景下，金融资讯服务的融合还体现在金融资讯与技术、数据业态的融合上。金融市场的变动最终体现在资产价格、利率等数据上，一方面，参与者在相当多场景下，通过对于资讯的理解和认知，最后付诸行动，形成了“数据”；另一方面，数据和原始信息经过技术的加工，变成为人所理解的金融资讯。因此，基于用户数据的人工智能识别技术和基于金融数据的融合工作场景正在成为趋势。随着嵌套和融合越发深入，过去以数据库+门户网站方式的产品组织形态将逐渐受到挑战，业态融合进入加速阶段。

2. 金融科技满足用户移动化和个性化的资讯需求

由于互联网普及率的提高，用户更倾向于选择互联网渠道，而且是多个渠道来获取金融新闻资讯。在资讯多样化时代，人人都可以是信息的生产者和传播者，手机、电脑、平板、智能手表等都已经成为信息发送和接收的终端，传播平台不再局限于资讯阅读平台，视频、语音等都成为金融资讯的传播方式，媒体“去边界化”、传播“去中心化”的趋势日益突出。

另外，在互联网环境下，由于资讯形式多样，且出现信息过载现象，用户更加重视资讯的个性化需求，更倾向于寻找符合自己兴趣的内容。个性化已成为用户金融信息资讯最重要的特征。此外，对资讯服务的需求除即时性、可靠性的基本要求外，还更加追求内容的趣味性。用户不再满足于以简单的文字和图片形式呈现的资讯，更倾向于插入音频、视频等声情并茂的资讯，可视化性强，信息精练简短。

显然，要满足用户对移动化和个性化的资讯需求，只有借助现代信息通信技术，通过大数据分析用户需求，通过大数据方式搜索资讯信息，通过人工智能进行分类并通过人工智能实现资讯的因人而异基础的按需分发。

3. 金融科技改变金融资讯的生产组织方式

传统媒体模式下，资讯生产主要是借助采编和发行系统来实现资讯的采集、加工和传播。在互联网模式的初级阶段，资讯服务平台也主要是与传统媒体合作，或通过爬虫技术搜集互联网上的资讯，经过适当的人工加工或人工干预，发布资讯内容。在移动互联网模式的初级阶段，即使金融科技实现了在大数据基础上的资讯智能分发，但资讯搜寻和采集仍然是大范围、高效率搜寻基础上的集中生产模式。未来随着用户个性化需求和及时性需求的上升，对金融信息的质量提出了更高要求，使得必须改变原来金融信息资讯的来源，走向分布式、自动化的资讯生产模式。

金融资讯的分布式生产不再将传统媒体的采编中心，或互联网资讯中心作为唯一的资讯生产中心，而是按照金融市场的固有结构，包括用户本身在内的参与者的利益相关性等相关因子，形成更为广泛的信息源组织资讯生产，改变资讯获取的形式。金融资讯的自动化生产则是借助大数据、人工智能和机器学习，实现计算机系统自动生产金融资讯内容。

4. 金融科技实现金融资讯服务付费商业模式的创新

在传统以媒体为基础的金融资讯服务模式中，主要是通过用户预先订阅收费。在互联网发展早期，免费吸引用户流量，在此基础上广告成为流行且通行的资讯服务收费模式。

但由于资讯内容的同质化严重，用户面临信息过载，资讯的价值难以体现，单凭广告难以实现资讯服务模式的盈利。

在另一种情况下，信息同质化迫使资讯提供方提高资讯质量，金融科技的使用使得按内容收费成为可能。

在互联网环境下，不同于内容付费，知识付费是内容付费的一种形式，但适应移动化、泛在化和碎片化的资讯需求，作为知识的资讯生产组织更加多样化，知识内容的非结构化特征更加明显，付费形式也更加灵活多样，如除了通常的打包付费和用户自愿模式，还可以采用知识问答、资讯定制、资讯咨询等即时模式。不管是在何种付费模式下，知识付费的迅速兴起离不开移动互联网和智能硬件技术、移动支付技术的快速发展。

三、金融科技与信用服务的创新发展

（一）信用服务与金融发展和金融创新

信用是一个广泛的概念，最重要的是金融信用，其中征信是核心。根据《征信业管理条例》，征信业务是指对企业、事业单位等组织（以下统称企业）的信用信息和个人的信用信息进行采集、整理、保存、加工，并向信息使用者提供的活动。但由于人们社会行为与金融行为的强关联性，社会信用不仅与金融信用密切相关，也直接影响金融信用状况。信用信息是指信用活动的主体在经济、社会活动中产生的、与信用行为有关的记录，以及有关评价其信用价值的各项信息。其作用是反映信用活动参与者的信用状况，包括主观和客观两个方面：主观方面指信用主体的信用观念和履约意愿；客观方面是受信人在特定期限内的还款能力，与受信人的经济状况及生产经营技能密切关系。信用信息主要通过信用交易来反映信用状况，是衡量和预测信用交易主体在交易过程中履约意愿和履约能力的重要手段。金融信用信息服务则是专业的信用信息服务机构根据客户的特点和需求，有针对性地收集、整理、加工、处理和保存各类经济主体的信用信息，并对外提供信用报告、信用评估、信用信息咨询等服务的行为。

在21世纪以来的金融创新中，信用更成为金融创新的基础，典型例子是金融衍生品的设计。金融衍生品本质上是一种跨期交易金融合约，包括远期、期货、掉期（互换）、期权的一种或多种特征。无论是哪种衍生品的设计，都是以较小资金为保证金，以信用为担保。例如，曾广为流行的债务抵押担保证券（CDO）是以抵押债务的信用为基础，利用资产证券化技术对债务、贷款等资产进行结构重组，并重新分割其投资回报和风险。CDO的类型尽管繁多，但不同形式的信用则是产品创新涉及的基础。例如，现金流型CDO的基础是基础投资组合的信用质量，套利型 CDO 的基础是信贷资产的质量信用。基于信用的 CDO 产品设计替银行等金融机构转移了信用风险，强化了信贷资金的融通功能，为其他投资者提供了新的投资渠道，但也增加了信用分担风险。2008 年，国际金融危机的爆发，部分原因即在于包括 CDO 等大量金融衍生品设计脱离了其基础标的或对象主体的信用水平，成为单纯的风险逐利工具。

（二）国家金融信用科技基础设施的发展

1. 金融信用信息基础数据库

金融信用信息基础数据库是以央行为主导，商业银行广泛参与建设的重要金融基础设施，包括企业征信系统和个人征信系统。该征信系统全面收集来自企业和个人的多维度信息，以银行信贷信息为主，还包括证券和保险等其他金融信息，以及社保和公积金等公共信息，服务网络覆盖全国，2006 年实现全国联网运行。金融信用信息基础数据库已经成为世界上规模最大、收录人数最多、收集信息较为全面、覆盖和使用范围较为广泛的信用信息基础数据库。金融信用信息基础数据库所提供的产品和服务不仅广泛应用于信贷机构的信用风险管理领域，在资信证明、互联网金融、小额贷款等领域也被广泛应用。

2. 企业信用信息基础数据库

在国家信用社会建设的统一组织协调下，对不同部门数据进行整合，如国家市场监督管理总局和质量监督检验检疫总局的企业诚信信息、住房和城乡建设部的个人住房公积金信息、人力资源和社会保障部的社会保险信息、生态环境部环境执法信息、最高人民法院的失信人名单信息以及国家税务总局的重大税收违法行为人信息等陆续纳入金融信用信息基础数据库，企业信用信息的数据来源和覆盖范围不断扩大。

3. 统一信用信息共享交换平台

国家整合金融、工商、税收、统计、社保、交通、质监、安全等部门的数据和信息，建立统一的信用信息共享平台，推进各部门信用信息的共建与共享，为金融机构防范风险提供更全面、更及时的信息。

（三）金融科技推动金融信用服务供给模式变革

1. 金融信用服务的基本模式

由于国情、基本经济制度和金融发展水平不同，不同国家的信用服务有不同模式。综观国际上各国信用服务供给模式，总体上可归为政府主导模式、市场主导模式和混合模式

三种基本类型。

（1）信用信息服务的政府主导模式

政府主导的信用信息服务模式也被称为公共模式。由于中央银行在金融体系中的特殊地位，该模式实际上运行模式是在政府主导下，由中央银行建立公共征信机构，以中央信贷登记系统为主体，强制金融机构提供关于企事业单位和个人的信用数据，由其登记建立统一的信用数据，并为金融机构基本信用信息服务。在这种模式下，信用信息主要来源于银行金融机构和其他强制性信息征集机构，中央银行负责信用信息服务（征信中心）的建立和运营，通常以对等方式提供信息服务产品，即信用信息服务的主要形式——信用评级报告主要向银行等金融机构提供，目的是防范贷款风险。

（2）信用信息服务的市场主导模式

市场主导的信用信息服务模式也被称为市场模式或私营模式。在这种情况下，由于金融机构除中央银行外，基本都是市场化运营的股份制或私营企业，立法保证信用信息的公开和合法使用。因此，信用服务提供商都是独立于政府或央行之外的私营机构，以第三方形式依法采取市场化运作，包括从政府获取公开信息，从私营金融机构有偿或合作获取信息，开发不同形式信用服务产品或延伸产品，如有偿提供信用报告、信用评级等。同时，在该模式下，政府仅对信用服务行业提供必要的有限监管。

（3）信用信息服务的混合模式

混合模式实际上指市场上并存非营利性的公共信用服务机构和营利性的私营信用服务机构，二者按照法律约束各自按不同经营原则开展业务。一方面，所有金融机构都被强制要求向央行提供征信信息，满足央行建立公共征信和征信普遍服务的需要；另一方面，由于国家对公共征信体系有最低贷款规模的限制，导致部分人口缺乏征信数据，或征信数据过于简单无法满足某些用户需求，因此，为市场化的私营信用服务发展提供了机会。

（4）信用信息服务的行会模式

这主要是以日本征信业为代表。日本采用较为严格的用户信息保密规定，完全美国式的市场化信用服务机构难以生存，因此，主要是围绕全国银行个人信用信息中心（KSC）、日本信用信息中心（JIC）和信用信息中心（CIC），分别面向银行业、消费金融公司和商业机构，建立形成三大行业征信服务并存的市场格局。会员向各自所属行业协会（中心）报送征信信息，由协会（中心）将信息与其他会员或机构进行交换。行业协会是会员的协作自治组织，不以营利为目的。

（5）不同信用信息服务模式的简单比较

不同信用信息服务模式各有利弊。在政府主导模式下，能够通过政府的公权力协调强制金融机构报送信用信息，从而建立范围较广的信用基础数据库。同时，政府主导且不以营利为目的，有利于强有力的监管，以保证金融安全和个人隐私保护。此外，金融机构使用信用信息的成本相对较低，但是，被采集信用信息的企事业单位组织和个人游离于信用服务体系之外。由于信息主要来源是银行金融机构，主要服务对象也是银行金融机构，缺乏有效激励，信息来源面窄，导致很多企事业单位组织和个人没有信用信息。同时，信用信息服务的主要提供机构缺乏动力提供多样化的信用产品和完善的信用信息服务。大量需要金融信息服务的零售等消费金融机构无法获得所需要的信用服务。在市场主导模式下，有效竞争能确保信用信息服务提供商有较强的经济动力收集更广泛的信用数据源，提供多样化的信用产品和服务满足不同层次、不同主体的市场需求。但对监管立法和执法有较高要求，需要较长的市场化过程，很容易出现无序竞争阶段，或者是监管缺位导致的个人隐私和数据泄露等问题。混合模式在实践中，通常会选择偏向公共主导或市场主导，如意大利的混合制实际上是公共主导，韩国的混合制更多是偏向市场主导。日本的混合制则是一条不同的道路，也被称为会员制，即银行业协会采用会员制方式建立类似央行征信中心的信用信息中心，面向协会内部会员收费但不营利，由协会会员提供信息实现信用信息共享，为会员提供信用信息服务。

从发展来看，政府主导的公共模式和市场主导的私营模式之间也存在一定程度的互补融合发展趋势。比较典型的就是在欧洲，如德国、西班牙等国家，以公共模式为主，但也发放了一些企业经营征信业务的许可，以弥补多样化和差异化信用信息服务的不足。

2. 技术驱动衍生信用信息服务需求

以个人信用信息服务为例，传统该模式下，对个人信用信息服务的需求主要来自银行业金融机构，即当期发放信用卡或贷款时，需要查询贷款客户信用能力，以确保客户信用卡消费水平、还款能力与信用，以及与其信用相关的贷款规模。因此，信用服务需求来源单一，规模较小。在相当长的时间内，尽管非银行借贷活动始终存在，但对个人信用服务需求弱，使其始终无法成为变革力量。

但信息技术应用催生的电子商务成为信用信息服务需求的第一个重要推动力量。在电子商务交易模式的初始状态下，电商与作为消费者的网民之间（B2C）、电商与销售商（B2B）之间，或者是网民与销售商之间都是陌生的。当网民购买商品时，如果其先支付货币给电商市场或销售商，后者后发送货物，则网民因缺乏对电商市场或销售商的信任感而无法做大电子商务规模。如果网民是在收到货物后再付款，电商市场或销售商则因无法核实网民信息而存在延迟付款造成成本高昂，甚至是担心欺诈现象的发生。这一“困境”也是早期制约电子商务发展的重要因素。显然，按照银行业务的贷款规则，如果电商市场

或销售商能对网民按其信用水平进行分类，对具有特定信用水平之上的网民允许使用“货到付款”机制，在特定信用水平之上的网民只允许“先付款后发货”机制或部分“预付款”机制，则可以大大减少欺诈现象的产生。但在传统金融征信模式下，电商很难获得网民信用信息，或者因获得信息成本太高而无法推行。在这种情况下，电商市场只能另辟蹊径，寻求在传统银行征信模式的基础上建立新的信用服务体系。

上述解决网民信用问题的思路就是早期淘宝信用等级的诞生，今天进一步演变成了蚂蚁金服旗下的芝麻信用（个人芝麻分）。在美国，尽管其信用服务水平远比中国高很多，但亚马逊也学习推出了类似的服务。例如，淘宝信用评价是基于交易后的支付行为，买家（网民）或卖家（销售商）均有权给予对方评价，对不同评价赋予相应分数，信用度就是评价分的积累。如果说这是新型信用信息服务的原始模式，则芝麻信用已经完全是基于大数据的信用服务了。根据蚂蚁金服对芝麻信用分的介绍，芝麻信用不仅仅是基于用户在淘宝、天猫和支付宝等网络平台的大量网络交易行为，还采集部分来自政府和金融系统的数据，并结合用户个人信息如经济来源和个人资产，身份信息如学习、工作单位、地址以及人际关系信息等，通过一定的算法合成用户的信用信息，最后以具体分数值的形式体现出来。

3. 金融信息服务市场格局的改变

在互联网应用发展的大背景下，尤其是在电子商务、互联网金融等快速发展的需求推动下，原来以银行体系为核心的金融征信服务已无法满足互联网数字经济和金融市场运行的需要。这在由政府主导的信用信息服务模式中尤为明显。云计算、数据挖掘和大数据等金融科技的应用则为市场化新兴信用服务机构的崛起提供了可能。

从目前发展趋势来看，大量新兴金融信用服务机构的进入，代表着市场化信用服务力量的出现和崛起。尽管尚没有改变以金融征信为主的信用服务模式，没有改变以央行征信中心为主的供给模式，但是金融信用信息服务模式初步出现由公共模式向混合模式过渡的迹象。甚至可以预计，未来随着互联网金融的发展，金融信用信息服务的政府主导模式最终将走向混合模式。

（四）大数据应用与金融信用信息服务模式创新

1. 金融大数据的基本内涵和类型

大数据是新一代信息通信技术的重要领域，不同学科都有很多研究。狭义理解，大数据是“规模巨大、种类多样、形成快速、真实度高的数据集合”。广义理解，大数据也是包括狭义大数据及其加工利用技术的综合，即数据信息集合，以及数据挖掘、数据分析和基于数据的云计算等加工处理该数据集合的技术能力。

大数据是互联网时代最重要的资源。大数据以全新的数据处理方式对海量繁杂的数据进行分析，挖掘数据背后的联系与规律，创造更有价值的产品和服务，大数据的应用正在改变众多领域，金融行业拥有海量的积累数据，因此，大数据也是金融科技最重要的领域之一。按照对大数据的一般理解，金融大数据是对包括海量直接金融活动产生的数据集合，以及间接数据集合进行采集、保存、分析计算和应用。通过对海量数据进行模型构建，挖掘不同数据内在价值和产生不同数据源的金融活动之间的联系，发现金融市场的变化规律与动态趋势，预测金融市场波动起伏，对可能出现的金融风险进行监督与防范。

由于金融是现代经济社会运行的基础，因此，金融大数据有多个不同来源和类型。从来源来看，金融大数据可以从金融机构、金融市场、金融应用、融资方式、统计方式等不同的角度对数据类型进行分类。按照常见的大数据结构分类方法，可以将金融大数据分为结构化数据、半结构化数据和非结构化数据三种类型。

（1）结构化数据

主要是指以二维表结构来逻辑表达现实的数据，通常可以用关系型数据库按照固定的模式如数字、符号来表示和存储，结构化数据通常可以直接用传统数据处理平台来构建模型和处理分析，常见金融结构化数据主要包括宏微观经济统计数据、金融交易数据、证券和期货行情、证券指数、汇率、企业财务报告等。

（2）半结构化数据

主要是指介于结构化与非结构化之间的数据，即存在一定的结构但是不方便进行模式化的数据。这类数据通常一部分可以用数字、符号来表示，另一部分则需要通过文字来描述，常见的半结构化金融数据主要包括金融资讯数据、金融社交数据、上市公司公告等。

（3）非结构化数据

主要是指无法按照一个预定义的数据模型或固定的组织方式对数据进行表示，无限定的结构形式，大数据挖掘价值的重点和难点在于非结构化数据。非结构化数据涵盖范围较为广泛，占据数据资源的80%以上，常见的非结构化金融数据主要包括图片、音频、视频、文字等。

2. 大数据和金融信用信息服务的信息生产模式

以针对个人的信用信息服务为例，在政府主导、以征信中心为核心的信用信息服务模式下，征信中心主要是依赖商业银行提供用户借贷和信用卡活动数据，后逐步扩展到非银行金融机构如保险公司、信托公司、资产管理公司、财务公司和小额贷款公司，数据主要是依赖对方信息上报。基于大数据的新兴信用信息服务模式在信息数据来源和采集方式上与政府主导的征信中心有很大差别。在大数据模式下，信用服务机构采集虽然也通过银行和非银行金融机构获取数据，但不是依赖对方上报数据，更主要是通过主动采集数据或信息交换的形式获取数据。同样，理论上，这些信用服务商也从政府部门和公共机构采集数据。但由于新兴信用服务机构的私营企业性质和规模性质，很难从政府部门、公共机构采集数据，通过银行和其他非银行金融机构采集的数据也相对有限。因此，新兴信用服务机构的数据来源更多是基于用户个人身份信息基础上的社会活动和网络活动等行为信息数据。前者包括交通出行、住宿、投资、生活消费、公益等；后者包括网络社交、电子商务、投资理财和其他网络活动，如新闻浏览、视频、游戏等活动。总之，在大数据视角下，基于大数据的多维特性，几乎个人可被记录的任何数据都可以成为信用信息基础数据集合的一部分。

由于数据来源维度多、种类多，结构复杂，基于大数据的信用信息服务模式需要利用相关性模型、逻辑回归关系、决策树模型等算法，对来自不同场景和静态数据进行计算处理，为个人用户的信用水平进行综合评分。一类数据是否被纳入信用信息的大数据集合中，需要计算其余信用评分的相关性及最终影响。理论相关性和其他学科理论是基础。例如，身份信息中，受过高等教育且受教育年限越长，信用水平相对越高，其理论基础支撑是教育投资回报率。类似地，在网络消费中，经常购买高档消费品的个人比购买普通消费品的个人，同等商品中购买品牌商品和高价商品者比购买普通商品者，都具有更高的信用水平，其理论基础既有经济学基本理论，也有经验数据支撑。此外，在任何信用评估模型中，都需要根据不同的数学模型进行反复验证。在此基础上，实现基本数据源、数据集合和数据计算方法的相对稳定。

还需要指出的是，除了数据变量和信息源不同外，在数据获取方式上，基于大数据的信用信息服务与征信中心服务模式也是完全不同的。征信中心服务模式主要依赖于银行、非银金融机构的数据上报，对政府部门和公共机构的数据采集，主要是系统接入，设定条件自动获取相关数据。在大数据模式下，数据获取更加积极主动甚至激进。对金融部门、政府部门和公共机构的数据，通常是依赖其谈判能力以合作方式采集。对身份信息的采集，一方面依赖用户信息填报，另一方面通常需要借助技术手段如数据挖掘技术分析获取用户社会关系网络、家庭和工作单位等。对社会活动和网络活动数据的获取，一方面需要主动抓取用户数据记录；另一方面也需要通过应用获得数据积累，如网上购物，支付宝、微信支付在交通出行、购物等各领域的广泛应用，以及淘宝、支付宝账号、QQ 号、微信号、电子邮件号等身份识别信息在其他网络应用上的使用等。

3. 大数据与金融信用信息服务的产业生态模式

从应用的角度来看，政府主导的央行征信中心主要是以提供个人信用报告的形式服务于银行，类似日本行业协会的内部服务循环模式；其次是服务于部分非银行金融机构，如资产管理公司和小贷公司。近年来，也逐渐扩展到一些互联网金融企业。但总的来看，征信服务模式服务方式单一，产业链条短。在大数据模式下，由于信用信息的数据源主要来自用户的非传统金融数据，其社会活动数据和网络活动数据需要依赖特定应用的扩散和第三方合作。应用扩散和数据积累的过程实际上也是服务过程，因此，信用信息服务过程是一个双向过程。此外，数据抓取或获取通常需要与第三方合作，如获取用户电子邮件、网络浏览、手机位置等信息，这也说明基于大数据的金融信用信息服务需要更加丰富的产业生态和更加多样化的金融应用场景。

从产品和服务内容来看，从征信中心模式到大数据金融信用服务模式的变更不仅是将银行征信拓展到金融信用，更重要的是从实践需求出发提供更加多样化的产品和服务。征信中心模式下，主要产品和服务是个人信用报告，银行将其作为个人信用行为的“经济身份证”服务于信贷审批和贷后管理。近年已开始应用于政府依法履职和资格审查等方面，如政府采购或公共工程投标时对企业法定代表人的信用水平审查。在大数据金融信用服务模式下，其不仅被互联网金融企业广泛应用于身份识别、反欺诈和风控、信贷审批等诸多领域，还被交通出行、医疗、零售等生活服务和公共管理等领域的企事业单位用于身份识别、客户营销和客户关系管理等，真正发挥出信用对经济活动的支撑和促进作用。

与此同时，由于征信中心覆盖个人信用数据不足，影响征信覆盖人口及其信用风险识别能力，原来主要依赖征信中心服务支撑的银行等金融机构也在扩大与大数据金融信用服务的合作，不仅提升了工作效率，提高了风险防范能力，也拓展创新出众多新的服务业态。例如，光大银行与芝麻信用合作，引入芝麻信用的信用评分、信息验证服务和行业关注名单等产品，通过不同数据源的交叉验证，基本实现了信用卡在线申请当天领卡。波士顿咨询调研发现，有银行利用芝麻信用补充银行自有风控模型，信用卡中心在贷前审批、贷中监控和贷后追偿等领域与芝麻信用合作，信用卡审批通过率提高了2~3个百分点。

4. 大数据金融信用信息服务模式面临的问题

大数据等金融科技的应用为以银行征信为核心的金融信用信息服务带来了巨大变革，但与较成熟的征信中心模式相比，大数据金融信用信息服务模式并非无懈可击，更谈不上完美。

首先，是数据权威性和相关性问题，征信初始数据主要来自银行，以非银行金融机

构、政府部门和公共机构渠道的数据为辅，数据质量和权威性高，数据与用户个人信用能力的相关性已在过去广泛实践中得到较好验证。大数据金融信用信息服务的初始数据属于一种弱金融数据，也被称为边缘替代数据，数据缺乏统一结构，数据质量和可靠性相对较低。尤其是当前多数数据主要依靠社交网络分析（Social Network Analysis，SNA）和电子商务产生的数据流，动态变化频率较高，这类数据与个人信用之间的相关性关系仍然有待验证。

其次，是合法性和个人隐私问题。数据不仅是金融科技的应用基础，更是大数据金融信用服务的基石。当前，无论是企业还是个人，数据安全和个人隐私意识较为淡薄，相关的法律规范极不健全。市场有较多以大数据为基础的金融信用服务公司，现实中很多企业的安全协议较为宽松，激烈的竞争使得一些企业过度使用甚至是违法获取用户数据，导致个人隐私存在被滥用的风险。例如，用户申请工作时，被招聘者有意识或无意识地利用其信用和相关数据信息进行筛选，出现不应有的歧视状况。大数据分析实际上是一种验证分析，数据挖掘和分析不仅可能找到用户的隐私信息和敏感信息，也导致隐私保护方法失效，而用户却并不知情，对用户的金融安全甚至是人身安全、家庭安全等造成巨大风险。

最后，是数据遗漏问题和成本问题。银行征信依赖银行数据上报，而银行对贷款有最低限规定，因此，导致大量人口无法被纳入征信服务覆盖范围。同理，大数据金融信用服务依赖社会行为和网络行为分析，有相当一部分人社会行为和网络行为相对简单，如公务员和企业高层管理人员等，甚至部分人有意识隐藏或掩盖其社会行为和网络行为信息，很可能导致这部分人无法被大数据金融信用服务所覆盖，或者是其大数据金融信用水平相对较低，从而出现与真实信用水平不一致的情形。为了解决类似问题，需要采集更多数据进行挖掘和分析验证，既增加了大数据金融信用分析模型的“噪声”和干扰，也加大了数据采集成本和分析计算成本。

第三节　金融科技在金融行业领域的应用

一、金融科技在银行业的应用

在互联网技术未广泛普及的年代，绝大多数银行业务（存取款、汇款、换汇等），均需要客户亲自到营业网点进行办理，造成客户等待时间较长、银行运营效率受限。随着互联网、大数据、生物识别等新型技术的普及应用，金融科技已从概念逐渐变为现实，在这一过程中，银行业发生了翻天覆地的变化；金融科技在银行业的应用，体现在以下五个方面。

（一）身份识别

客户身份的识别，始终是银行业乃至整个金融业，为客户提供专业化服务的前提。银行为客户办理业务（线上、线下渠道）的过程中，均须进行身份确认；部分重要业务需要客户持相关证件，亲自到线下实体营业网点进行办理。

银行卡在很长的时间内，都是人们日常出门的必需品：银行办理业务，需要客户出示持有的银行卡；客户取款（通过柜台或 ATM），同样需要持有实体银行卡；可以说，银行卡是银行识别客户身份的重要载体工具。

在智能设备普及的趋势下，智能手机逐渐成为多数人（特别是中青年人群）出门的必备品：通过智能手机，客户可以在 ATM 终端进行“微信取款”“手机银行扫码取款”（不需要实体银行卡）；目前，人们在日常生活中，甚至会只带智能手机，银行卡成为非出门必需品，智能手机成为识别客户身份的载体工具。

随着新型生物识别技术的成熟，“生物识别”开始成为银行识别客户身份的重要方式。相对于智能手机中的数据信息，人脸、指纹、虹膜等生物数据，往往难以复制，具备个体生物信息的独特性；同时，“生物识别”也具备便捷性、安全性、普及性，客户只须带着“自己”就可以完成身份识别。

（二）可视化服务

针对个人客户，销售理财类产品、推荐特色服务是银行重要的业务组成部分；销售理财类产品（理财、保险、基金、国债、贵金属等），可为银行获取佣金收入；提供特色服务（出国金融、信用卡定制、VIP 客服），则能为银行增加客户黏性，巩固业务存量，拓展增量业务。

在实践层面，银行向客户推荐产品及服务时，常用的方式包括：银行官媒推荐、线下活动推广、第三方平台广告、电话推荐、电子邮件发送、纸质宣传单、手机客户端定向推荐等形式；其中，纸质宣传单在线下营业厅最为常用，银行工作人员向等待办理业务的客户提供纸质宣传单，使客户了解银行最新推出的产品及服务，通过引导客户的金融需求，开发新的业务增量。

随着新型技术在银行的应用，亲自到线下营业厅办理业务的客户呈递减趋势；即使是亲临营业厅的客户，由于所需等待时间大幅减少，通常缺少必要的时间阅读纸质宣传单，

同时也缺乏接受大堂经理面对面业务推荐的兴趣（多数客户较难听懂专业化的金融词汇）。因此，银行亟须开发新的业务推荐方式，在确保合规的前提下，使客户能够简单、高效、易懂地接收业务信息。

随着 AR（增强现实）/VR（虚拟现实）技术在银行业务中的场景嵌入，可视化服务开始被客户广泛接纳；通过银行线下营业厅的 AR/VR 体验专区，客户能够自主选择感兴趣的功能模块进行业务体验，同时通过可视化影像传递信息，更能被普通客户所接受；通过在手机客户端加载 AR 功能模块，能为客户提供更加自由的时间及更为广阔的空间选择，提升客户服务体验。

（三）智能化服务

随着新型技术在银行领域的应用，银行业务的“离柜率”呈逐年快速上升趋势。

在实践层面，越来越多的银行开始在线下营业网点配备“智能柜台机”；现阶段通过“智能柜台机”，客户可以自助完成个人账户开户、银行卡办理、激活、挂失、换卡、网银注册、存取款、转账汇款、信用卡还款、生活缴费、流水明细查询与打印在内的多项业务。

“智能柜台机”的优势在于，到店客户可以自助完成多项业务，大幅提高营业网点的运营效率；同时，客户在自助业务办理过程中遇到任何问题，随时可以得到网点工作人员的帮助，综合服务体验较好。

随着人工智能、生物识别、移动互联技术的发展，客户通过手机客户端、PC 端网上银行、电话银行，可以获得银行提供的智能化服务。人工智能为线上（电话、互联网）服务系统加载了智能分析、判断的功能模块，客户不需要费力探索各项功能模块，就能够实时获得智能化服务引导，大幅提升了客户服务体验；生物识别与人工智能相结合，可有效进行客户身份识别，大幅提高客户与银行的安全性；移动互联则帮助客户摆脱了物理网点的时间、地点限制，可以随时随地获得银行的智能化服务。

（四）交易信息追踪

银行业涉及的业务众多，每时每刻均会产生大量的交易数据，为了快速、准确、安全地储存交易数据，以满足实时追踪交易信息的目的；银行业一直通过应用新型技术，完成对交易数据信息的储存、追踪。

区块链是比特币的底层技术，是通过加密算法产生的，包含着一段时间内全部交易数据账本的区块，用于之后交易的信息有效性验证和新的区块生成；通过改变信息记录和交易流程，使交易成本降低，效率提升。

（五）风险管理

各国大型银行为了满足监管部门的合规要求，不断投入资本大力建设完备的信用机制和征信体系，以及高成本地雇用高端技术人才。同时，银行独立运营的各部门在完成 KYC（认识你的客户）和 AML（反洗钱）程序时需要重复对客户进行背景调查和信用记录查验，在一定程度上降低了银行开发新客户的效率，造成了资源的较大浪费。

用区块链技术来优化银行业 AML 和 KYC 流程，一是可以通过分布式账本的不可篡改的时间戳和全网公共自治的特性，对金融交易每一笔资金的“来龙去脉”进行追溯，防止由于监管漏洞和法律法规不健全而造成非法资金流窜，给社会和经济带来重大损失；二是区块链全网数据保存在每一个节点上，实现信息共享，减少重复审核工作；三是所有参与者的信用记录和交易信息都保存在区块链的总账本中，并被每一个节点共享，在 KYC 流程时可以迅速定位新客户的全部资料，节省时间提高效率；四是安全性的提升。由于区块链数据库是一个分中心化的数据库，没有任何一个节点可以控制整个数据库，因此，提高了单一节点泄露数据的难度。同时，任何节点对数据的操作都会被其他节点第一时间观察到，从而加强了对数据泄露的监控。另外，区块链中节点的关键身份信息以私钥形式存在，用于交易过程中的签名确认。私钥只有信息拥有者才知道，就算其他信息被泄露出去，只要私钥没有泄露，这些被泄露的信息就无法与节点身份进行匹配，从而失去其利用价值。

二、金融科技在证券业的创新尝试

证券市场是现代金融体系的重要组成部分，同时也是各类新型技术的主要应用领域，以互联网、区块链、人工智能等新型技术为核心的金融科技，在证券市场中的应用存在巨大潜力；证券市场的众多细分领域，包括客户的认证、证券交易等相关业务，通过引入金融科技，在确保证券体系安全的基础上，大幅提高了运营效率；各大金融机构竞相投入研发力量，渴望抢占这一领域的高地。

（一）远程线上认证

在证券投资领域，最为广大普通投资者熟悉的，当数股票市场；在互联网、生物识别技术成熟应用之前，普通投资者想参与股票市场投资，往往需要携带个人的身份证件，亲自到各证券公司的实体营业厅，办理开户业务；当股票市场进入周期性上涨或牛市行情

时，实体营业厅的开户人数往往会成倍增加，普通投资者在办理开户业务时，则会等待非常长的时间。

随着互联网技术、生物识别技术的成熟，以及监管层适度的政策放开，多数证券公司针对普通个人投资者，已开放线上开户服务；在实践应用层面，多数普通个人投资者，特别是随着互联网成长的一代，纷纷通过移动互联网接入证券公司的开户系统、银行的存管系统，并利用图像识别、人脸识别、声纹识别等技术进行个人身份的验证，从而完成线上开户业务。

相比于传统的实体营业厅认证，远程线上认证可以提供24小时的在线身份验证（无须排队）、远程智能客服实时跟进等特色化服务，在提升普通投资者服务体验的基础上，也提高了证券公司的整体运营效率；同时，实体营业厅也能够从低效、繁杂的程序化业务中解放出来，更加专注于为客户提供高附加值的个性化、定制化的金融服务。

（二）多功能交易系统

在证券投资领域，投资者包括普通个人投资者、机构投资者等主体。可供投资的种类则包括股票、期货、债券等细分领域，对于老牌的机构投资者，依靠数十年的行业积累，通常会得到各类资源（资金供给、技术支持、专家支持、实时信息动态、政策层面扶持等）的支持，能在很大程度上保障相应的投资收益，而普通的个人投资者能得到的资源支持，通常十分有限。

随着金融科技在证券领域的应用，证券交易（对于普通个人投资者，以股票交易为主）从实体营业厅到PC端电脑，再到更易携带的智能化终端（智能手机），投资者能够在正常的交易时间内，跨越物理距离的限制，随时进行证券投资。证券公司、金融科技公司推出的移动端交易系统，在快速、准确完成指令交易的基础上，加入了更多的功能模块，可以辅助投资者（特别是普通个人投资者）进行相应的投资交易。例如，平安证券推出的手机客户端，在股票交易的基础上，加入了“投资者教育”“国债理财”“融资、融券”“自选股追踪”“实时行情”“智能选股”等功能模块，使普通个人投资者在明晰投资风险的前提下，获得了更多的信息支持、丰富的投资种类、智能化的投资指导。

（三）互联网+资产证券化

资产证券化的关键点在于如何准确进行风控、评级。以房屋贷款为例，传统信贷模式下，金融机构（主要为银行）为购房者提供房屋贷款，银行与购房者形成借贷关系，通常情况下，房屋贷款的还款周期较长，银行要承担的风险较高。因此，银行对于房屋贷款的审批相当严格。在资产证券化模式下，银行将购房者的贷款，转化成可出售的证券化资产，加快了银行的资金周转效率，使银行获得了稳定的、可观的利润。其中引出了一个风险点：部分银行为了获取更大的利益，开始将风控等级调低，以获得更多的业务量，部分不符合条件的购房者，也能够获得贷款，购置房屋，最终有可能会造成系统性的金融风险。

“互联网+资产证券化”的根基，同样在于风控，特别是基础资产源于互联网消费贷款的资产证券化产品。以天猫、京东为代表的电商平台，通过对注册会员，基于购买行为、消费额度、个人信息数据的建模分析，为每位会员评定出相应的风险等级，并根据该等级，给予会员相应的信用额度；与传统金融机构的信用评价体系相比，基于互联网大数据的信用评价体系，涉及的数据维度更广，通过“传统征信报告+互联网大数据征信”相结合的方式，能够有效降低违约风险，提高信贷业务效率；最终保证以此为基础的资产证券化产品，能够为交易各方带来稳定的收益。

（四）区块链+证券发行、交易

证券登记与发行是证券交易市场的基础，而区块链技术的运用将彻底改变资本市场基础设施系统的核心。区块链上存储的交易记录具有透明性、可追踪性、不易篡改等特征，使任何交易双方之间的交易都可以被追踪和查询，有利于对证券登记、股权管理和证券发行交易进行数字化管理，也能有效满足证券交易的监管和审计要求；同时，区块链的运用也使证券发行与交易更加高效和安全。

三、金融科技在保险业的开发实践

保险作为一种保障机制，是市场经济条件下风险管理的基本手段，是金融体系和社会保障体系的重要的支柱。经济层面，保险是分摊意外事故损失的一种财务安排；法律层面，保险是一种合同行为，是一方同意补偿另一方损失的一种合同安排；社会层面，保险是社会经济保障制度的重要组成部分，是社会生产和社会生活的“稳定器”；风险管理层面，保险是风险管理的一种方法。

随着数字化社会的发展，保险的销售渠道也日益多样化，客户选择保险公司产品时的期望值也越来越高。在此背景下，当价值链的某些环节变得更加商品化时，客户的选择则主要基于品牌信息的可信度和保险公司绩效的透明度。根据监管层对保险公司业务流程的完整性、透明度等要求，客户的个人体验将逐渐受到保险公司的重视；金融科技的应用，将帮助保险从业机构回应上述期待。

（一）全业务流程的智能化大数据分析

现代保险业能够稳定运营的基础在于遵循“大数法则”，保险从业机构通过“大数法则”，开发相应的保险产品、厘定费率。在数据的收集、传输技术欠发达时代，保险从业机构主要以官方平台发布的月度、季度、年度数据为依据，来调整自身的产品开发策略；由于绝大多数保险从业机构，使用的数据源较为单一，且采用的数据处理模型相似，导致同类保险产品的保险费率、出险理赔额核定、营销策略等层面大同小异，产品及服务高度同质化。

随着智能化终端的应用落地，诸多领域已实现数据的实时获取、传输。例如，通过GPS设备记录车辆行驶信息，通过智能手环获取佩戴人的心率信息，通过智能化集装箱传输货物的位置、温度、适度等数据信息。保险从业机构通过传输接口，实时获取业务相关数据，通过对全业务流程实时进行智能化大数据分析，针对特定目标客户群，开发个性化保险产品及服务解决方案。

（二）互联网保险

互联网保险，是保险从业机构通过互联网技术和移动通信技术，为客户提供一系列保险服务的新型金融业务模式。

在金融科技发展之前，出于人力运营成本的考虑，金融行业普遍将精力投向高净值客户，保险业的情况也大致相同。与高净值客户相比，“长尾客户”个人所拥有的、能够支配的资产规模较小，但这部分群体人数众多，资产总量相当可观。互联网条件下，获客成本大幅降低，“长尾客户”也可以享受到高效率的金融服务。随着互联网技术在保险机构的应用，保险公司的在线运营成本将大幅降低，“长尾客户”将成为互联网保险未来的重要消费群体。

保险最本质的功能在于互助，互联网使有相同保障需求的个体之间能够跨越地理上的限制汇聚起来，而形成全体共识的互助保险计划；因此，互联网是实现保险互助本质的最佳载体，可有效助力保险回归“取之于众，用之于众；风险共担，利益共享”的本质功能。

（三）区块链保险

保险的本质在于互助，运营核心在于信息公开、资金透明、高度互信，上述特征与近年来备受关注的新型区块链技术，有着高度的契合性。区块链以其便捷、安全、去中心化和透明等特点，可有效改善保险业的信息不对称、理赔率居高不下、互助保险道德风险高等痛点。例如，将互助型保险建立在区块链技术上，每一个消费者的风险信息，投保和理赔记录，健康和财产信息都将被记录在区块链上，并被所有的消费者分布式储存；每一份保单都作为区块链上的智能合约存在，一旦有事故发生，就会有接口接入医院、汽车修理厂等第三方进行确认，所有理赔程序自动触发，公平公正并且缩短所需时间。

1. 缓解信息不对称，减少逆向选择风险和道德风险

保险业的信息不对称是双向的，一方面，普通保险消费者的保险知识，远不如保险机构丰富；另一方面，保险机构对于投保人真实的风险状况，通常也难以做到实时把控。

多数情况下，保险公司对于新投保客户，或新业务的开展，只能从概率上进行假设和验证来预计风险，难以有效区分不同的风险标的；该模式导致的直接结果，就是对于大部分“表现良好”的消费者，保费居高不下，远高于适合的保费水平。另一层面，消费者对保险产品了解得不足，对繁复条款的漠不关心或者望而却步，使部分行业道德较低的保险公司，可以利用这一点设置诸多拒绝赔付的理由，从而使消费者的利益受到了伤害。

建立在区块链技术上以智能合约形式存在的互助保险，能够有效缓解信息不对称的问题。保险人的披露信息和每一位消费者的风险状况，都被实时记录在区块链上，并且不可篡改；消费者的疾病史，诊断信息，汽车的牌照信息，修理历史等信息也全部记录在册，骗保等风险会相应降低；保险人也可以通过理赔历史分类管理消费者。通过区块链技术解决信息不对称的问题，可以减少索赔纠纷，有效缓解理赔率居高不下的状况。

2. 补足初创型保险公司的专业性

保险业始终是关系到国计民生的重要行业，任何保险产品的面世，均须接受监管和合规的重重要求。同时，保险产品包含多个专业细分领域，如重大疾病保险、人身意外保险、财产保险等；保险产品的开发，需要精细的测算，其风险定价模型需要建立在专业的分析和假设之上；而在保险业务实践层面的责任认定、后续保全等重要环节，同样需要反复商讨。对于传统的保险从业机构，想将上述各层面的业务环节，进行有效布局，需要有经验的专业人士来完成。

对于保险行业的初创公司，快速积累首批客户的关键因素，在于根据市场需求和科技趋势，推出符合客户需求的创新型保险产品及模式，但其专业性通常成为客户担忧的因素。利用区块链技术，保单作为智能合约的形式存在；初创保险公司，不需要过多的专业性维护与运营决策；消费者也可以随时了解到资金池的透明运作；监管部门可以随时查看风险和合规状况，确保了初创公司不会发生重大违规事件和决策道德风险。

3. 满足更多保险市场保障需求

我国目前保险产品种类虽多但创新相对不足，保险的核心是利用大数法则分摊风险，新型的初创区块链互助型保险公司，可以利用区块链记录的优质数据进行更优的专业分析，在众多细分领域发展“小而美”的产品，比如重大疾病心理辅导保险；同时，通过简化条款和流程，提高保险的覆盖率和渗透率。

保险公司通过区块链的不可逆性和时间戳功能，能够在更多信用记录缺失的领域发展全新的保险产品；中国保险业在高风险领域鲜有涉足，例如，自愿器官捐献的医疗保险、胎儿先天性疾病保险，都可成为区块链互助型保险公司未来的业务领域。

4. 去信任化的人人互助

区块链蕴含的巨大能量能够帮助人们在信息不对称的情况下，有效性和真实性无从判定的环境中，建立起去信任化的社会，使经济体顺利运行。因此，建立在智能合约上的互助保险公司所扮演的角色不再是资金池的任意操控者，也不通过抽取佣金和拒绝赔付来获得利益。参与其中的消费者可以来去自由，可以透明地看到发起者的行为和资金池的运作，也不再需要担心骗保风险和跑路风险，所有的保费和理赔全部点对点，真正满足了人们的需求，使保险业进入人人互助时代。

四、金融科技在其他金融相关领域的创新应用

（一）财富管理

财富管理领域的商业模式创新主要集中在降低投资门槛和交易费用上，简化投资决策流程，并保证交易的便利性和安全性。

一种模式为综合理财规划模式，客户通过输入理财目标和进行风险测试，借助在线理财工具和专业的理财顾问，经过完整的理财规划流程，在线完成资产配置和后续的自动调整。

另一种模式是专注于投资组合的模式，客户可以自主建立资产组合，也可以由系统自动生成投资组合，其中投资与社交网络的结合是在原有投资咨询服务目的创新，客户可复制其他投资者投资策略或投资组合，挖掘投资的群体智慧；或者客户可输入自己的投资理念，包括市场热点、交易策略、投资风格等关键词，系统自动生成投资组合；如果客户的投资理念或组合被其他客户使用的话，还能获得相应的奖励。

1. 智能投顾

随着我国市场经济的发展，居民可支配收入逐年增加，对个人财富管理服务的需求，

愈加旺盛。目前，财富管理已经进入 2.0 时代。财富管理的 1.0 时代，主要在网上列出理财产品，向用户展示理财产品；财富管理的 2.0 时代，则是理财产品精品店模式，对理财产品进行筛选，并根据客户的需求推荐。“智能投顾”则是 2.0 时代中最为典型的代表。

“智能投顾”依据现代资产组合理论（MPT）构建，通过分散投资降低风险，使投资者在可控的风险水平上获得稳定收益；其随着 FinTech 的兴起而兴起，在部分发达的经济体，作为 FinTech 的相关业态被广泛接受。

“智能投顾”之所以受到关注，与其自身特点有直接关系；其提供的金融服务，可有效改善长期限制金融行业的“痛点”。“智能投顾”的优势在于，相对传统金融机构而言，使用户更便于决策，并且其在收益上相对确定，用户可以进行相应的预判；同时，在人工智能和大数据分析的协助下，可以有效降低各方的交易风险，将风险控制做到最优化。

个性化的投资推荐：每一个投资人的实际情况都不同，风险承受能力有高有低，投资偏好有激进的、也有保守的。因此，投资者需要的是针对个人的个性化财富管理解决方案。“智能投顾”的投资组合建议，是建立在投资者自身数据分析的基础之上，非常契合个性化服务。

服务门槛的降低：传统金融业务遵循着“二八原则”，即 80%的利润来自 20%的高端客户。因此，传统金融机构提供的“一对一专家式”资产管理服务，主要针对高净值客户。通过“智能投顾”的程序匹配，可以将服务的群体扩展到普通人群，这大大降低了服务门槛。

人为因素影响变小：在投资过程中，投资人心理始终会受到影响，这对投资新手十分致命。“智能投顾”背后的计算机程序，不会受到心理层面的影响，有利于投资者规避不必要的风险。

有效降低交易成本：由于“智能投顾”平台为在线运营，节省了大量的人工及办公相关成本，因此，可将交易成本大幅降低。

严格遵守投资者的指令：传统的投资顾问主要依靠交易的佣金获利，其与客户存在潜在的利益冲突。智能投顾的投资组合，是根据客户量身打造的。因此，相关的交易操作由投资者亲自设定，只有满足触发条件时，才会发出交易指令，完成相关交易。

目前，智能投顾领域的创新主要包括：人工智能算法在投资决策中的运用；大数据和自动化技术在信息搜集、处理中的应用；人机交互技术在确定投资目标和风险控制过程中的应用；云计算等在提升运用管理和风险管理中的应用。

在实践应用层面，智能投顾基于投资者填写的问卷，在有限或者没有人为参与的情况下，在线为投资者提供专业的资产组合管理服务，收取较低的服务费用。智能投顾主要包

括机器导向、个人导向和人机结合三种模式。

（1）机器导向

机器导向是指整个资产管理过程全由智能投顾进行操作的模式。投资者建好资产配置组合，智能投顾就会对该组合进行追踪，随时改变资产配置组合，并进行红利再投资以及税收损失收割。这些操作全都由智能投顾完成，投资者不需要进行管理。以 WealthFront 公司为例介绍这种模式。

WealthFront 公司创立于 2011 年，管理资产超过 30 亿美元，是典型的用计算机算法和标准的投资模型，为投资者管理资产组合的公司，是美国最大的智能投顾公司之一。想获得资产管理服务的投资者需要在网站上进行注册，在投资者完成注册之后，投资者的资金会转入 Apex Clearing 进行第三方托管保证资金安全。在托管期内，WealthFront 会随时监控该投资组合的动态，并定期对投资计划进行更新，以便合理控制风险，使之始终落在投资者的可接受范围之内。

WealthFront 提供税收损失收割服务，WealthFront 会自动为投资者卖出亏损的证券，同时买入另一只类似的证券，将资本亏损部分用于抵消资本增值以降低投资者的收入税。税收损失收割服务可以分为每日税收损失收割服务（Daily Tax-Loss Harvesting）和税收优化直接指数化（Tax-Optimized Direct In-dexing）服务，两者的区别在于收割标的不同，每日税收损失收割的收割标的是 ETF 基金，而税收优化良接指数化服务则是更进一步，会复制相应 ETF 基金的股票，把握每一只股票的税收损失收割机会。目前，WealthFront 每日税收损失收割服务的对象是所有投资者，税收优化直接指数化服务则是面向超过 10 万美元的投资者，通过这项服务，每个账户每年平均能够提高 2.03%左右的税后投资收益。

此外，WealthFront 还为投资者提供单只股票分散投资服务（Single-Stock Diversification Service）。单只股票分散投资服务是将单只股票逐步以无佣金、低税的方式卖出，并重新投资到多种类型 ETF 基金中。当投资者持有大量某公司的股票时，需要完全承担这只股票的风险，包括股价波动、抛售时机不当等。结合投资者的资金需求、投资计划以及风险容忍度，WealthFront 帮助投资者在一定时间内逐渐卖出一定数量该公司股票，而且将卖出股票所得现金分散化投资于投资组合。

WealthFront 的投资种类包含 11 种 ETF 基金：美股、海外股票、新兴市场股票、股利股票、美国国债、新兴市场债券、美国通胀指数化证券、自然资源、房产、公司债券、市政债券。这么多种类的 ETF 基金一方面有利于分散化投资，降低风险；另一方面有助于满足不同风险偏好类型投资者的需求。

（2）个人导向

个人导向是指资产配置组合由投资者创建，而智能投顾提供组合创建的工具以及分享的平台。以 Motif Investing 公司为例介绍这种模式。

Motif Investing 是一个以主题作为导向的投资平台，平台上的投资组合被称为 Motif。Motif 包含不超过 30 只具有相似主题的股票或 ETF 基金，例如无人驾驶智能汽车。投资者可以根据自己兴趣，直接使用平台上已有的 Motif，也可以修改 Motif 中股票和 ETF 基金的组成和比重后再使用，更可以创建全新 Motif。

Motif Investing 提供强大的自助式投资组合设计工具，投资者可非常方便地修改、创建和评估 Motif。此外，平台引入社交机制，投资者可以选择把自己的 Motif 分享给好友，大家共同对 Motif 进行讨论和优化。Motif Investing 关注投资组合，而不是注重于个股讨论。

（3）人机结合

人机结合是指在平台上既有智能投顾为投资者提供投资服务，又有传统投顾为投资者提供资产配置组合建议。下面以 Personal Capital 公司为例介绍这种模式。

Personal Capital 主要提供两方面的服务：免费的分析工具和收费的传统投顾服务。免费的分析工具是指该平台通过自动化算法为投资者分析资产配置情况、现金流量情况以及投资费用，帮助投资者对自身的财务状况有更加清晰的了解，找出投资者资产配置组合中的潜在风险和不合理的投资费用，使投资者能够建立更加合适的投资组合。通过免费的分析工具，能够吸引更多的投资者使用 Personal Capital。在此基础上，Personal Capital 针对注册用户中资产规模较大的投资者推出收费的传统投顾服务，通过组建专业的传统投顾团队，根据投资者的资产状况以及抗风险程度，结合相关的资产管理模型，为投资者提供高质量的投资咨询服务，满足投资者不同的投资需求。

2. 大数据、社交时代下的财富管理

随着大数据和人工智能技术的不断进步，个人财富管理已从互联网时代，进化到更加场景化的大数据、社交投资时代。

在大数据应用层面，以百度为例，其推出了依托大数据、人工智能技术的“百度股市通”，针对中国股票投资市场散户为主，信息不对称问题较多的实际情况，提出了“大数据智能服务”的核心竞争策略；“百度股市通”基于中国股市的交易实践，创建了“知识图谱体系”，通过专业的数据挖掘、分析，将股票交易市场海量的信息大数据（新闻信息、搜索数据等），与各类股票建立相应的逻辑联系，以实现股票市场分析的自动化、智能化，从而为股票投资者提供客观、真实的决策做辅助支持。

（二）移动支付

当今社会，从公司之间的商贸交易到普通消费者的日常购物，支付贯穿于各种交易场景；随着新型技术的不断成熟，支付方式逐渐从线下过渡到线上，大型公司之间的商业交易，绝大多数采用的是电子支付方式；在部分互联网发达的城市，日常消费付款多数是通过移动端完成支付，对于大多数普通消费者，移动支付已成为首选的支付方式。移动支付丰富了支付场景，成为继银行卡、现金外最常使用的支付工具。实践表明，移动支付可大幅提高支付效率，有效补充现有金融体系的服务功能，推动现有金融体系进一步提高自身效率。

以日常消费为例，在移动支付广泛应用之前，普通消费者往往需要随身携带相应的现金，这样并非十分安全，特别是在人流量较大的购物场所，现金随时都有失窃的可能；对于普通的商家，也面临着收到假币的潜在风险，且商家在收到现金之后，也需要将金额较大的营业款及时存入银行，以避免失窃风险；移动支付的应用，使普通消费者、商家在很大程度上避免了假币交易、现金失窃的风险，也大幅提高了交易效率。

在金融产品支付层面，以购买保险产品为例，多数保险公司响应监管层反洗钱的政策号召，开始逐渐推荐、引导投保客户进行电子支付（线下 POS 机刷卡、线上网银支付）；同时，以支付宝、微信支付为代表的第三方移动支付平台，也开始接入保险公司的支付端口，成为部分手机移动端投保客户的首选支付方式。

目前，移动支付的主要创新领域包括：生物识别（指纹、虹膜等）、图像识别、标记化；支付、清算的实时性协议；综合类支付服务，如电子钱包；跨境支付平台等。

（三）征信网络

金融的本质是资金融通和借贷交易，核心是信用风险管理。

没有信用就没有金融，信用是金融的立身之本，是金融的生命线。

信用作为经济领域的基础性要素，对市场经济的发展起到了至关重要的作用。信用交易是市场经济发展的枢纽，同时也蕴含着多元化的商业和金融风险。健全的征信体系可以显著提高信用风险管理能力，对维护市场经济及金融系统持续、健康发展具有重要意义。

与传统征信相比，互联网征信具有以下六个特点：

1. 信息数据来源

传统征信的渠道主要集中在线下，征信主体需要花费大量的人力、物力及时间才能完成征信工作，综合成本较高。

互联网征信的渠道主要集中在线上，以互联网为载体，通过抓取、采集和整理个人及企业在线上产生的数据信息，综合线下获取的数据信息，利用大数据、云计算等技术手段，开展信用评估与服务工作，综合成本相对较低。

2. 征信主体

我国的征信体系以中央银行为主导。现阶段，我国央行征信系统已与商业银行、小额贷款公司及融资性担保公司实现互联互通，其数据来源广泛、沉淀数据量大，在我国征信体系中处于绝对主导地位。

互联网征信的主体具有市场化、多元化的特性。核心在于：技术和数据信息的积累，以及深度挖掘、整合、分析海量互联网信息的能力。市场化征信公司、电子商务企业、互联网公司在该方面具有较大优势，未来将成为互联网征信市场的中坚力量。

3. 数据的组成构成

传统征信的数据主要源于从事借贷业务、担保业务的金融机构。

互联网征信的数据源于身份数据、社交数据、行为数据，以及日常活动数据等。线上的行为模式可以反映出征信对象在性格、习惯、心理等方面的数据信息，能够用来对征信对象的信用状况进行量化评估。

4. 覆盖人群

传统征信覆盖人群主要是有信贷记录的人。

互联网征信能够覆盖到过去没有信贷记录的人，利用人们在互联网上产生的信息数据做出信用判断。

5. 运行模式

传统征信一般为事先采集数据信息，分类归档并在数据系统内加以储存，在需要时进行提取，即“数据采集—数据储存—数据应用”的模式。

互联网征信是在信息主体发起服务要求并确认授权之后，才开始征信调查工作。用户在使用互联网征信服务时，需要提交各种账户信息，征信公司负责完成信息的检索、过滤及整合，即“用户申请—数据采集—数据评估—数据应用”的模式。

6. 应用领域

传统征信主要应用于借贷领域，表现为对申请信用贷款的征信主体进行信用评估和还款能力预测。

互联网征信的应用场景更加多元，包括传统的信用借贷业务以及租赁、预订酒店等各种生活化的履约场景。

（四）供应链金融

这为供应链金融在我国的发展，提供了有力的政策支持。伴随着供应链金融在我国的快速发展，也产生了较多的独特风险；随着金融科技在各金融业务中的应用，通过金融科技与供应链金融的结合，可能将为供应链金融带来更多的可能性以及更为完善的业务模式。

1. 供应链金融的风险

供应链金融（Supply Chain Finance，SCF），以核心企业为依托，以真实贸易为前提，运用自偿性贸易融资方式，通过应收账款质押、货权质押等手段封闭资金流或控制物权，为供应链上下游企业提供的综合性金融产品和服务。

我国的供应链金融发展至今，大致经历了三个发展阶段。

第一阶段：线下“1+N”模式。该模式下，银行根据核心企业“1”的信用支撑，对产业链上众多的中小企业“N”进行融资授信支持。

第二阶段：线上“1+N”模式。随着互联网、通信等新兴技术的普及，传统的供应链金融逐渐由线下移至线上。该模式下，银行通过线上对接核心企业“1”的数据，以实时获取整条产业链上的各种真实数据信息。

第三阶段：线上“N+N”模式。进入 21 世纪，电子商务在国内得到大力发展，通过电商云服务平台，将中小企业的订单、运单、收单、融资、仓储等经营性数据导入其中，并引入物流、第三方信息等服务体，为企业提供配套服务。该模式下，核心企业对相关交易数据进行了增信，各交易方之间的真实交易数据，成为真正的核心。

供应链金融管理是整条供应链上下游企业之间，通过合作形成的网状生态圈的风险管理。供应链金融生态体系的风险因其自身特征，具有传导性、依赖性等特点。因此，单个企业的风险，可能会被放大至多倍并产生连锁反应。

（1）贸易的真实性

供应链金融产生的前提，就是贸易的真实性。目前，在我国的供应链融资体系中，商业银行始终是最主要的资金供给方；银行对供应链企业的信贷支持，是基于贸易的真实性及自偿性，如果贸易合同是虚构的，银行将面临较大的风险。银行业能否健康、持续发展，直接关系到整个金融体系的稳定。因此，贸易合同的真实性至关重要，是供应链金融能否健康运行的关键所在。

（2）风险的传导性

目前，供应链金融业务的开展，主要依赖于整条供应链中核心企业的信用级别。实践中，以银行为主的资金供给方，常将核心企业的信用级别，看作整条供应链的信用履约级别；整条供应链上下游的中小企业，实际上是共享了核心企业的信用级别，核心企业与上下游中小企业形成了信用捆绑关系。因此，当核心企业信用出现风险时，该风险将随着交易链条迅速传导至整条供应链，最终影响供应链金融的安全性、稳定性。

（3）信用体系的稳定性

实践中，供应链上下游的各企业之间，通常是有着较长时间业务往来的合作伙伴，相比于暂时的经营数据，成员企业之间更侧重于彼此之间商务关系的维系。因此，供应链上下游企业之间合作关系的稳定性，直接影响着整条供应链信用体系的稳定性。当经济大环境疲软，或行业整体转型时，多数企业可能会面临较大的经营困难，甚至是破产危机；供应链成员企业之间的信用关系，将面临削弱，甚至破裂的风险。

（4）融资资金来源

供应链金融的本质是信用融资，其业务核心主要是为供应链上下游企业提供资金支持。目前，在我国商业银行是主要的资金供给方，通常银行对企业都会有具体的授信额度，当供应链上下游企业用完年度授信额度之后，进一步的资金需求，通常将由相关的核心企业来提供，有可能会引发相应的问题，一则会产生较大的履约风险，二则会降低资金的使用效率。同时，核心企业的资金实力也是需要考虑的重要因素。上述情况，在供应链金融业务规模快速扩充的阶段较为显著。

2. 金融科技的解决思路

在当今科技环境下，新技术的应用日新月异，未来物联网、大数据、人工智能技术，新型的风控模型及工具，将广泛应用于供应链金融领域，使供应链金融的服务主体能够实时掌控资金流向、生产过程及业务走向。金融科技将为供应链金融的发展，提供新的动力源泉。

第一，互联网技术，将帮助更多的市场主体参与到供应链金融的核心业务之中。在互联网技术广泛应用之前，传统的银行机构在资金、金融牌照、信息源等方面，拥有绝对的优势，其他市场主体很难涉足供应链金融的核心业务。随着“互联网+”时代的来临，整条产业链上的众多优质企业，可以利用自身在行业中的信息、交易资源、客户资源优势，逐渐成为供应链金融产品与服务的运营主体。

第二，大数据征信、人工智能技术，将进一步完善信用评价体系。在传统模式架构下，银行是供应链中核心企业的主要授信主体；银行等传统金融机构，对于企业的信用评价主要集中于企业的财务报表，涉及的数据维度相对单一。未来，通过大数据征信，信用评价所涉及的数据来源将更为广泛，除传统的企业财务报表外，企业的履约记录、管理层

的个人信用数据、企业所处行业的发展指数等多维度数据，都可能会被纳入新的信用评价体系之中；通过人工智能技术，对于多维度数据进行智能整理、分析，供应链上下游企业，特别是中小微企业的信用等级，将得到更加科学、合理的评价，企业的价值将被更多的资本所发掘，融资渠道将呈现出多样化的趋势。

第三，互联网、物联网的应用，助力供应链金融开启“线上+线下”相结合的运营模式。利用互联网技术，能够在很大程度上减少重复劳动，降低交易及融资成本；物联网的应用，则能够在确保贸易真实性的前提下，让交易各方实时掌握货物（例如汽车、原油等）的状态，以及相应交易在供应链中的运动轨迹，从而大幅度地提高供应链的运行效率。

第四，借助于互联网、大数据等技术，供应链金融的服务主体，能够为整条供应链提供服务，上下游中小微企业都将受益。传统供应链金融模式下，受限于地域、信息、运营成本等因素的影响，供应链金融的直接服务对象为核心企业，再通过核心企业为产业链的上下游企业提供相应服务。在“互联网+”架构下，供应链金融能够直接将服务覆盖到整条产业链，中小企业接受专业优质服务的综合成本将大幅降低；利用“长尾效应”，供应链金融的服务主体，可以快速扩大市场份额，形成自身的竞争优势。在“互联网+”时代下，供应链金融产品和服务的对象将呈现多样化趋势。

第五，区块链技术，完善信任体系。区块链技术具有的时间戳、不可篡改、全网认证、加密安全等特性，使其成为交易信息记录的绝佳载体；基于供应链产生的所有交易，都可以被完整记录在区块链上，且任何节点无权修改，从而保证了交易信息的溯源性与真实性；任何故意伪造贸易交易信息的涉事方，其信息将会被记录在区块链上，并通过全网通报，在客观上大幅增加违法违约成本，能够在很大程度上避免风险事件的发生，从而保证供应链金融发展的安全性、稳定性。

3. 应用场景

随着金融科技的发展，供应链金融生态体系通过与新技术融合，将演变出许多新的应用场景。

（1）供应链的数字化管理

真实贸易背景下的供应链管理，涉及原材料采购、产品制造、成品销售、物流运输等众多环节。未来，随着物联网、人工智能技术的实践应用，各交易方之间能够快速、准确地获取相关企业的供应链数据信息，如贸易订单、货物状态、物流进度、资金结算等数据；同时，通过供应链的数字化管理，将有效提高企业对市场需求信息响应速度，从而大幅提升服务品质、降低贸易成本，使供应链上的各交易方互利共赢。

（2）ABS 云平台助力应收账款的资产证券化

供应链金融的主要侧重点，就是为真实贸易背景下产生的应收账款进行融资。近年来，随着我国经济的快速发展，加之我国是进出口大国，且国内消费需求日益旺盛，基于供应链的交易金额逐年增长，随之而来的就是快速增长的应收账款融资需求。未来，通过资产证券化等金融工具，将供应链金融业务中产生的应收账款作为基础资产，形成资产证券化产品，通过 ABS 云平台进行登记，能够直接对接资金供给方与资金需求方。一是可以丰富金融市场的优质可投资资产；二是通过直接融资的方式，助力实体经济发展；三是丰富了供应链金融的资金来源渠道，助力我国的供应链金融进入良性发展轨道。

第六章　金融科技视角下数字经济建设与发展

第一节　推动数字经济转型的新科技

我们正处在一个从工业经济时代向数字经济时代大转型的时期，这一转型最大的推手是新科技。

我们可以用 DARQ5 来总结推动未来变革的五项黑科技，分别是：D（Distributed Ledger，分布式账本，也就是我们常说的区块链）、A（AI，人工智能与大数据）、R（VR 和 AR，虚拟现实和增强现实）、Q（Quantum Computing，量子计算）及 5G（快速实时的通信新标准）。区块链是构建未来价值互联网的底层技术，有可能推动去中心化的实现，并更有效地在商业社会中构建信任。人工智能与大数据是数字经济变革的最大推手，将持续推动机器智能的发展。VR 和 AR 是五项黑科技中应用最广的技术，在制造和娱乐领域已经有了应用场景，但是更重要的潜力则在于在创建人与机器的数字分身的过程中，能够给予人直观感受。量子计算则是一个可能拥有巨大潜力的新推手，它将带来实质性的突破，不仅会带来机器算力的另类提升，也会为从密码学到化学制药的仿真实验等各个领域带来全新的实践模式。和 4G 一样，5G 将是新一代移动通信技术的基础设施。如果说 4G 催生了至少三家市值接近万亿美元的公司，带来了智能手机这种几乎使人类肢体进化、大脑延伸的新科技，那么 5G 的潜力就更大。我们可以看到的是无人驾驶与远程医疗的突破，但是当 5G 真正成为全新的基础设施时，它最大的贡献可能是在全新的基础设施上“长”出新物种。

DARQ5 意味着未来科技所带来的转型和迭代会更猛烈，也需要每个人做好准备。

一、经济转型与数字效能

目前，5G、大数据、云计算、互联网、人工智能等数字技术不断融合、持续渗透，数字资源已成为数字经济时代最重要的生产要素，其分量不亚于工业时代的石油。在工业经济时代，生产要素主要在“路”上流动，例如铁路、公路、水路、航路等；而在数字经济时代，生产要素将在“网”上流动，例如互联网、物联网。

“数字基建”以5G、大数据、云计算、互联网、人工智能等科技型设施建设为重点，以新一轮科技革命和产业变革为导向，以数字化、智能化为支撑，对能源、交通、市政等传统基础设施进行改造，成为数字时代新的结构性力量，为我国经济转型升级奠定了非常重要的技术基础，具体体现在以下三个方面：

（一）推动我国数字经济发展的新基础

数字经济时代与过去的任何一个时代一样，都要有相应的基础设施作为基础与保障。例如，第一次工业革命开启的蒸汽机时代以铁路和运河建设为基础；第二次工业革命开启的电力时代以高速公路、电网建设为基础；第三次工业革命开启的信息时代以互联网和信息高速公路建设为基础。对正在进行的第四次工业革命来说，以新一代信息技术和数字化为核心的新型基础设施是重要基础，也是目前世界各国都在投资布局的战略高地。

（二）我国供给侧结构性改革新动能

传统基础设施建设需要投入土地、资源等基础要素，新型基础设施建设需要投入新一代信息技术、高端装备、人才和知识等高级要素，为我国战略性新兴产业、现代服务业的发展提供支持，为以创新为驱动力的经济转型提供动力。

在投资运营模式方面，新型基础设施建设与传统基础设施建设存在很大的区别，新型基础设施建设覆盖的范围更广，不同领域的基础设施实现了高度融合，参与投资、建设的主体更多，支撑的业态更丰富，对投资模式与运营模式创新提出了更高的要求。

例如，5G建设不仅需要无线技术与网络技术提供支持，还需要智能交通、智慧城市、智能家居、智能制造和智慧能源提供支撑。在以5G为代表的新型基础设施建设过程中，传统投资主体、运营主体、建设主体的边界被打破，投资模式、运营模式被颠覆、被创新，创新型企业、民营企业的进入门槛大幅下降，与之相对的产业生态更加丰富。新型基础设施管理涉及多个部门，市政、交通、安全、环境、信息化等，管理创新主要体现在以数字化平台为基础的集成管理，将在很大程度上颠覆政府公共基础设施现有的管理模式。

（三）有助于改善我国投资结构

我国已进入工业化后期，传统基础设施建设已走过高峰期，边际效益逐渐递减。从短期看，虽然以铁路、公路、机场为代表的传统基础设施建设仍可以拉动内需，但已无法对经济结构优化产生很大的作用，还有可能招致债务风险或金融风险。

现阶段，发展数字经济已成为世界各国的共识。新型基础设施建设不仅可以带动数字

经济发展，还能拉动边际效益实现新一轮增长，对优化经济结构、拉动投资都能产生显著效应。从这个层面看，新型基础设施建设就像一个新引擎，可以产生一系列的拉动作用，拉动人工智能、工业互联网、物联网发展，促使制造业实现技术改造与设备升级，带动新型服务业快速发展，拉动以新材料、新器件、新工艺和新技术为代表的强基工程和以自动控制和感知硬件、工业软件、产业互联网、云平台为代表的新四基发展。

二、数字经济带来新技术

新技术从概念上来说可以分为近景技术和远景技术，它并不是单一的某种技术，而是涵盖了多种技术融合的技术群落。伴随着互联网、物联网在经济社会生活中的广泛应用，大量实时、在线数据的产生，计算、存储和网络技术的飞速发展以及价格的下降出现的以云网端为基础设施的各种技术集合。这组技术群落体现为云（计算）、大（数据）、智（人工智能）、物（物联网）、移（5G 网络）、生物识别、区块链、无人机、无人驾驶汽车、机器人、虚拟现实/增强现实、3D 打印等这些在不远的将来会有大量的实践。

新技术的远景则指的是未来几十年，伴随着人工智能时代的到来，新一代信息通信技术与材料、能源、生物医学、航空航天、认知科学等领域的协同与融合会呈现出加速趋势，比如，基因科技、脑机接口、石墨烯、纳米技术、太空探索、量子计算、空中互联网等具象化新技术的层出不穷会叠加在近景的技术上带动奇点的来临，这些技术之间互为支撑，互相促进，在全球范围内，带来社会经济、地缘政治、法律伦理以及人口变化的新趋势。

这些新技术的特点与传统技术相比，新技术拥有以下六个主要特征。

（一）人工智能无所不在

在数字经济之中，人工智能将无所不在，驱动着比特+原子+生物世界三者融合的新世界，人工智能成为产业界最受关注的一大热点。未来的人工智能将会无所不在，成为很多产品形态的核心技术基础，比如，无人机、机器人、自动驾驶汽车、虚拟现实、增强现实等多种产品形态都以人工智能作为核心技术之一。伴随着机器智能化的加深，机器与人共存的世界将会到来，比特+原子+生物世界的融合可能会使我们无法分辨是虚拟还是现实。

（二）技术成本和门槛降低，普惠化是趋势

以服务器、存储和软件为代表的传统信息技术产品的价格和门槛都很高，不仅采购成本高，而且维护运营成本也高；以云计算技术为代表的按需服务业务形态使得个人及各类

企业可以用很低的成本就获得所需要的计算、存储和网络资源，不需要购买昂贵的软、硬件产品及设备，大大降低了技术门槛，使得计算成为普惠技术。

（三）开放、开源技术生态成为主流

传统的技术往往为某家大型企业所垄断，以封闭技术为主，生态也是围绕着自己专有的技术而建立的。而新技术的特点则是开放、开源技术成为主导，能够调动社会的力量共同完善技术，促进技术的迭代升级。

（四）多种技术同步爆发，跨界技术融合成为主流

传统技术的变革主要以某一种技术的出现和发展为代表，对产业和经济的带动作用是有限的。而新技术则是多项技术同步爆发，技术之间的融合带动多个产业的化学反应，共同飞速发展，比如，基因技术+大数据+人工智能+云计算能够推动基因行业的大变革。

（五）随时随地无缝连接

新技术不仅仅是带动人与人之间随时随地的连接，未来会带动人与物、物与物之间的无缝连接，这种连接伴随着以 5G 网络为代表的移动通信技术的成熟变成现实，带动每个人、每个物都时刻被量化。

（六）新技术迭代创新速度变快

以互联网为起点、以云网端为基础设施的新技术的迭代创新速度比以往任何一个时代都快。新技术安装和扩展的速度很快，用户规模和个性化需求可能急剧增加，这也倒逼着新技术需要快速迭代才能满足和适应用户规模和需求的变化。

人类社会的发展历史可以总结为三次大的技术革命：第一次技术革命是以蒸汽机的发明与使用为代表，释放了人的体力；第二次技术革命以电力的发明为代表，释放了人的距离；第三次技术革命是以信息技术的产生和发展为代表。目前处在第三次技术革命的第二阶段，从互联网的普及开始，未来将会以释放人的大脑为目标。这个阶段以互联网的产生和发展为契机，摩尔定律、吉尔德定律和梅特卡夫定律三大定律为互联网奠定了理论基础，前两个定律主要是硬件发展的理论基础，梅特卡夫定律则为互联网的社会和经济价值提供了基础依据。这三大定律也促进了今天和未来几十年新技术群落的诞生与快速演进。

但是，伴随着硅芯片逼近物理和经济成本的极限，摩尔定律的结束已然可以看见。晶体管的微型化已经不能保证成本更低或速度更快。而以芯片立体化、石墨烯、内存计算、

量子计算、神经形态计算等为代表的技术可能会成为驱动计算性能继续实现指数级增长的新源泉。

三、新技术发展现状与趋势

（一）云网端的进步奠定基石

网络通信技术的进步是新技术体系中最核心的技术之一，5G 网络不仅将进一步提升用户的网络体验，同时还将满足未来万物互联的应用需求，能够满足消费者对虚拟现实、超高清视频等更高的网络体验需求。

物联网智能终端的多样性会为万物互联奠定“物”的基础，传感器技术、标签技术、控制器技术、嵌入式系统、物联网操作系统等技术及标准的统一将会成为发展的关键，充分考虑到低功耗内存和电源的物联网操作系统是重要方向，不同物联网设备之间的互联互通技术变得格外重要。。

（二）人工智能会成为未来万物智慧的核心

大数据+云计算+深度学习算法三大技术基础的成熟和发展必然。

首先，云计算平台可以利用成千上万台的机器进行计算，尤其是 GPU 的发展为加速人工智能落地奠定了基础计算能力，使得类似人类的深层神经网络算法模型为代表的人工智能应用成为现实。

其次，大数据时代已经到来，多来源、实时、大量、多类型的数据可以从不同的角度对现实进行更为逼近真实的描述，而利用深度学习算法可以挖掘数据之间的多层次关联关系，为人工智能应用奠定了数据源基础。

最后，是算法的发展，尤其是 GeofHinton 教授在 2006 年发表的论文，开启了深度学习在学术界和工业界的浪潮，以人工神经网络（ANN）为代表的深度学习算法成为人工智能应用落地的核心引擎。

计算+数据+算法三种技术相辅相成、相互依赖、相互促进，才能使得人工智能有机会从专用的技术成为通用的技术，逐渐融入各行各业之中，也推动了诸如无人机、机器人、自动驾驶汽车等新硬件产业的诞生和发展。

但是，今天依然是弱人工智能时代，人工智能技术还主要为了解决特定的问题而存在，是任务型的人工智能，以人工神经网络算法为代表的深度学习算法只解决了低层次的理解问题，未来要拥有人一样的思考、感知和认知能力还需要方法和理论上的突破。伴随着算法和计算领域的突破，无监督学习、强化学习、迁移学习算法和推理能力的有机结合，将推动人工智能可以发展到具备大脑的能力，创造新的智能体，能够自主管理好虚拟世界。

四、新技术的意义或价值

新技术近景起源于互联网，作为普惠技术群落，未来是实现人人都可以用得起的技术。而这种普惠性可以带动社会创新的加速并激发新的生产力，产生新的社会经济价值。

由于新技术的出现，作为新能源的数据随时随地产生，并且能有机会实现流动、共享、融合和开放，成为替代劳动力和资本之外的又一生产要素。在传统的数据应用生态中，由于生态的封闭性，数据的流动往往局限在企业内部，而新技术的应用使得数据这种新的生产要素可以在云计算平台之上走出企业，与外部数据进行融合，激发出更大的生产力，不仅驱动企业业务和决策效率的提升，同时也成为业务创新的新核心。新技术与新资源的融合创新会产生无限的想象和空间。

新技术远景是以人工智能为核心的跨界融合技术，会带动很多行业的大变革，制造业、交通、服务业、医疗行业、金融业等行业都因为人工智能的崛起而变得不同。比如，未来无人驾驶汽车主宰的交通系统将不再需要红绿灯和交通标志，而驾照也将是个过时的概念；机械制造行业的未来可能会由智能机器与人协同完成，机器的行为会基于数据+算法不断迭代优化，成为机械制造业转型升级的基础；机器人还将被用于快递、清洁、洗碗和强化安全，未来用于家庭娱乐和教育的机器人会走入寻常百姓家；很多职业都会消失，比如客户服务人员、电话营销人员、会计审计、零售人员等。

在我国，中国人民银行和工信部等部门也在积极探讨推动区块链技术和应用发展，以促进其价值发挥，提早防范风险。

第二节　加快数字化转型步伐

一、加强数字经济基础设施转型与升级

数字经济时代到来后，通信网络、互联网、云等信息基础设施成为数字经济基础设施的核心组成部分。

（一）数字经济基础设施概述

随着数字经济的不断发展，数字经济基础设施的概念更广泛，既包括了传统意义上的信息基础设施，也包括对物理基础设施的数字化改造。

1. 数字经济基础设施的分类

数字经济基础设施一般分为两种：专用型和混合型。专用型数字经济基础设施是指本质就是数字化的基础设施，如光纤宽带、无线通信网络、云资源池等。根据属性的不同，专用型数字经济基础设施又可以分为网络基础设施和平台基础设施两部分。混合型数字基础设施是指增加了数字化元素的传统实体基础设施。例如，安装了传感器的自来水总管、数字化交通系统等。这两类基础设施共同构成数字经济发展的基础，为数字经济的发展提供了保证。

2. 数字经济基础设施的作用

数字经济基础设施在推进数字经济发展，实现网络强国战略中起到了十分重要的支撑和推动作用。数字经济基础设施主要实现了数据的存储、分析、传输和交互，以及通过数字化手段对传统基础设施的管理、调度和控制等。随着移动互联网、大数据、云计算等技术和产业的发展及“中国制造 2025”“互联网+”、智慧城市建设等为代表的传统产业和传统领域的数字化，每时每刻都在产生大量的、各种形式的数据。这些数据只有通过基础设施进行传输、计算、存储，才能用于数字产品的生产和消费，从而成为新的增长点。

3. 数字经济基础设施的特点

与传统基础设施相比，数字经济基础设施具备演进性、泛在性、动态性和自主性等四大特征。

（1）演进性

演进性是指随着技术进步，数字经济基础设施可以根据需求的变化进行不断升级。以移动通信网络为例，2G 到 3G 的演进满足了互联网由固定到移动的扩展，3G 到 4G 的演进满足了移动场景下高清视频、直播和 VR 游戏等各种新需求，4G 到 5G 的演进又将满足无人驾驶等更加实时、智能的需求。数字经济基础设施的升级速度较传统基础设施速度更快、兼容性更好。

（2）泛在性

泛在性指的是数字经济基础设施更容易大范围普及，满足更多的应用需求。另外，数字经济基础设施使得用户能够低成本、低门槛地使用丰富的信息化应用。当前第一、二、三产业几乎所有的行业都用到了以移动网络、光宽网络、云计算等为代表的数字经济基础设施，而且依赖程度逐渐加大。数字经济基础设施已经和传统基础设施一样不可或缺。

（3）动态性

动态性指的是数字经济基础设施的服务提供过程更加灵活，能够实时调整自身的各种属性来适应具体的业务和应用。如用户在使用云计算服务时可以根据业务需要定制存储和计算能力，并且云平台能够根据业务并发量自动采取合适的资源调度策略，保证每个用户的使用需求。

（4）自主性

自主性指的是数字经济基础设施高度自动化，人为干预的成分非常小，无论是连接、存储还是分析都由系统自动完成，出现错误时可以自动矫正或重启，恢复到错误之前的状态，也会根据预设自动调整性能和容量满足不同需求。

（二）数字经济基础设施的转型升级

1. 网络基础设施加速向高速率、万物互联、智能化升级

网络基础设施是数字经济基础设施的核心，是“基础的基础”，主要由通信网络、互联网和物联网组成。过去十年，网络基础设施发生了翻天覆地的变化，在速度、覆盖、时延等方面提升明显。但是传统网络因其设计复杂、开放性不足、调整效率低等原因，已经无法适应下一代应用与业务对基础网络设施提出的更简单、更开放、更灵活、更广泛的要求。

（1）更简单

需要能够方便地将网络功能元素与其他功能要素进行组合，从而产生多种新的不同功能、不同性能的系列产品，并最终形成更为优秀的产品形态，这就需要基础网络功能简单易用、界面友好。

（2）更开放

互联网公司业务设计方式已经从“以用户为中心”开始向“用户参与式”转变，通过用户深度地参与业务设计，更快、更准确地把控和满足用户需求。因此，互联网企业希望网络更加开放，更简单地实现调用和配置，也能更方便地通过产业链上下游的合作来完成拼图，构建整个系统。

（3）更灵活

互联网业务快速迭代，要求网络必须具备快速灵活的拓展架构，方便配合其业务变化

的现实需求。

（4）更广泛

产业互联网将带来工作方式和环境的全新变化。人们可以通过虚拟的、移动的方式开展工作，这就需要将无处不在的传感器、嵌入式终端系统、智能控制系统、通信设施通过CPS（Cyber Physical Systems）形成一个纵横交错的智能网络，使人与人、人与机器、机器与机器及服务与服务之间能够实现横向、纵向和端对端的高度互联与集成，让物理设备具有计算、通信、精确控制、远程协调和自治等五大功能，从而实现虚拟网络世界与现实物理世界的深度融合。

在5G、虚拟化、万物互联和IPv6等新技术的驱动下，传统网络基础设施加快向新一代网络基础设施演进，以互联网化应用为核心，更强调以人为本和以应用为本，满足“资源+通信+信息应用”的综合服务需求。

5G网络定义全新应用场景。移动互联网的高速发展使得社会对移动网络的需求超过固定网络，据2016年工信部数据统计，移动网络接入设备和数据流量均已超过固定网络。4G网络已基本满足高速泛在应用需求，但却无法满足高清语音视频、无人驾驶、人工智能、虚拟现实等新技术的应用场景中高可靠和低时延的需求。

与4G网络相比，5G网络不仅传输速率更高，而且在传输中呈现出连续广域覆盖、热点高容量、低功耗大连接和低时延高可靠的特点，将成为未来信息社会的重要基础设施和关键使能者。①5G具备比4G更高的性能，支持0.1～1 GB/s的用户体验速率，每平方千米一百万个的连接数密度，毫秒级的端到端时延，每平方千米数十TB/s的流量密度，每小时500 km以上的移动性和数十GB/s的峰值速率。特别地，相比4G、5G频谱效率提升5～15倍，能效和成本效率提升百倍以上。②网络切片技术，即在一个硬件基础设施中切分出多个虚拟的端到端网络，每个网络切片在设备、接入网、传输网及核心网方面实现逻辑隔离，适配各种类型服务并满足用户在优先级、计费、策略控制、安全、移动性等功能方面的不同需求，以及在时延、可靠性、速率等性能方面差异化的需求。

5G的技术创新可在传统行业领域拓展出全新应用：①超可靠低时延场景，如在线游戏和车联网；②低功耗大链接场景，如智慧城市、工业制造；③增强移动宽带业务场景，如VR/AR视频、演出和赛事等人群聚集地区的网络使用保障。其中，5G在生产领域的应用创新将会带来巨大的影响：首先，生产制造设备无线化使得工厂模块化生产和柔性制造成为可能；其次，无线网络可以使工厂和生产线的建设、改造施工更加便捷，并且通过无线化可减少大量的维护工作，降低成本；再次，在智能制造自动化控制系统中，低时延的应用尤为广泛，如对环境敏感的高精度生产制造环节、化学危险品生产环节等；最后，工厂中自动化控制系统和传感系统的工作范围可以是几百平方千米到几万平方千米，甚至可能是分布式部署。根据生产场景的不同，制造工厂的生产区域内可能有数以万计传感器和执行器，需要通信网络的海量连接能力作为支撑。

在经历了“2G 跟随、3G 突破、4G 同步”之后，5G 时代中国正奋力谋求获得“领跑者”地位，立志占据 5G 技术制高点，引领世界产业的发展。

万物互联开启智能化时代新阶段。互联网已满足了人与人之间的通信需求，然而要实现人类社会的智能化，万物互联是必经之路。物联网产生的海量数据可以帮助我们更好地了解这个世界，做出更为准确的判断和更为精准的控制。

物联网主要有三个关键技术：连接、标志及数据的操作。物联网是设备通过无线技术的连接方式将数据传送到物联网系统，无线连接是系统中极为重要或最为薄弱的链路，因此，选择一种能够匹配设备及其周边环境的无线技术非常重要。目前，行业中共有 12 种无线技术可供物联网应用场景选择，其中，以授权频段 NB-IoT 最为典型，被广泛应用于各大领域。

NB-IoT 技术具备强链接、高覆盖、低功耗、低成本的特点，相比非授权频段技术安全性高、干扰小，与现有蜂窝基站复用不需独立组网，标准化程度高，是未来支撑广域低功耗（LPWA）业务场景的主流技术。当前，中国电信已建成世界范围内第一张，也是最大的一张 NB-IoT 商用网络，支撑智慧城市等行业的快速发展。

物联网平台是指同时具备设备管理、数据存储和业务使能的综合性平台，一般能够兼容多种物联网设备接入和通信协议，支持连接管理、设备认证、流量控制、数据汇聚、安全保障、业务使能等多种能力，并通过开放 API 供上层业务和应用调用。通过面向传统行业和政企客户的定制化物联网应用解决方案，支撑传统行业的数字化转型。未来同时具备设备管理和业务使能的综合性平台将逐渐显现出优势，成为产业主流。

虚拟化技术支持网络架构转型升级。移动网络与物联网都是接入网络，由光纤宽带构成的核心网承担了所有的数据传输重任。当前核心网络的总体架构由“传送承载”和“业务控制”两个大的功能层级和多个子层构成，是一个复杂封闭的体系，同时有 IT 支撑系统作为其辅助系统，保障网络的正常运行，这样设计的目的是保证业务独立运营。但同时也存在一些根本性的问题：①网络由大量单一功能的专用设备构成，结构复杂缺乏灵活性；②网元封闭，设备功能扩展性差；③形成“业务烟囱”，每个新业务都要开发新设备、新协议，不同业务彼此难以融合，无法快速灵活部署；④运营复杂，成本居高不下。因此，未来网络架构需要进行重定义设计，以进一步巩固网络发展基础，提升公共服务水平。

未来网络整体架构将向智能化的方向发展。通过深化开源技术应用，引入 SDN/NFV/云等新技术，构建新型的简洁、敏捷、开放和集约的智能型网络：简洁指网络的层级、种类、类型、数量和接口减少，运营和维护的复杂性和成本降低；敏捷指网络提供软件编程能力，资源弹性可伸缩，便于网络和业务的快速部署和保障；开放指网络能够形成丰富、便捷的开放能力，主动适应互联网应用所需；集约指网络资源不是分散分域，而是能够统一规划、部署和端到端运营。

网络重构的重点是敏捷和开放两个方面。一方面，敏捷网络提供业务随选的能力。当前的网络特性是高速泛在的，无论何时何地都可以具备超高带宽的网络连接，然而用户的多元化需求却无法很好地得到满足，传统大型企业对价格不敏感，只要求有专网保证带宽和速率，云端接入体验好即可，动态调整的需求也有限。而越来越多的小微企业对价格十分敏感，而且业务发展速度快，希望配套信息服务能够及时跟进，另外还有金融医疗、园区楼宇商场等，都有特殊的需求。随选能力正是为应对此种情况而生，它包括带宽随选、路径随选、网络功能随选、云+网一站式服务、用户自服务门户。适用的场景有点到点、点到数据中心、点到互联网。另一方面，开放网络提供资源自动配置能力。传统面向大众市场的业务已经趋于饱和，面向企业客户的市场是发展重点。企业客户更需要融合营商能力与互联网能力的融合通信/云通信。通过能力开放平台，运营商将原本彼此独立的网络资产（如码号、语音、流量、短信、计费、定位、安全、QoS 保障等）以 API 的形式开放给业务合作伙伴，通过更灵活的解决方案和商业模式聚合应用开发者、OTT 业务提供商、行业 SI，共同打造云通信生态。

IPv6 助力互联网摆脱限制升级换代。随着互联网+、物联网和工业互联网等网络应用融合发展，全球对 IP 地址的需求还将持续增长。我国是世界上较早开展 IPv6 试验和应用的国家，在技术研发、网络建设、应用创新方面取得了重要阶段性成果，已具备大规模部署的基础和条件。IPv6 的规模部署，对构建高速率、广普及、全覆盖、智能化的下一代互联网具有十分重要的意义：首先，IPv6 是互联网演进升级的必然趋势，基于互联网协议第四版（IPv4）的全球互联网面临网络地址消耗殆尽、服务质量难以保证等制约性问题，IPv6 能够提供充足的网络地址和广阔的创新空间，是全球公认的下一代互联网商业应用解决方案；其次，IPv6 是技术产业创新发展的重大契机，推进 IPv6 规模部署是互联网技术产业生态的一次全面升级，深刻影响着网络信息技术、产业、应用的创新和变革；最后，IPv6 是网络安全能力强化的迫切需要，加快 IPv6 规模应用为解决网络安全问题提供了新平台，为提高网络安全管理效率和创新网络安全机制提供了新思路。

和 IPv4 相比，IPv6 协议主要在地址长度、IP Sec 可选扩展、数据报头 QoS 支持等方面做了扩充和优化，正是由于这些技术上的改变，以 IPv6 为核心的下一代互联网相对于建立在 IPv4 协议上的现代互联网有以下优点：

①地址充足。IPv4 的 32 位地址扩展到了 IPv6 的 128 位地址。

②简单快捷。简化固定的基本报头，提高处理效率。

③扩展方便。引入灵活的扩展报头，协议易扩展。

④层次结构。地址格式更具层次性，便于路由聚合。

⑤即插即用。地址配置简化，实现自动配置。

⑥内置安全。网络层的 IP Sec 认证与加密，提高端到端安全。

⑦QoS 考虑。新增流标记域，提升 IP QoS 特性。

⑧移动便捷。Mobile IPv6 更好地解决 IP 移动性。

2. **平台基础设施逐渐成形并向云与边缘计算融合化及感知智能化方向发展**

平台基础设施是在网络技术设施之上，聚合存储、计算、分析等多种通用能力并以标准 API 或 SDK 形式对外开放，以供上层应用调用的软件系统的统称。平台基础设施的发展是动态的，一般而言，信息通信领域创新技术都是专门为支持某项业务而生，如果某项技术的通用性越来越强，被越来越多的业务所使用，此项技术就会逐渐脱离应用层，下沉成为平台基础设施的通用能力。早期的云计算和大数据、当前的人工智能和区块链、未来的边缘计算都属于这类通用型技术，它们共同构成信息基础设施的平台部分。平台基础设施的作用将逐渐超过网络基础设施，为数字资源的管理和上层应用提供坚实的基础。

平台基础设施具备集约性、受技术驱动演进速度快、自动化运营要求高、弹性/柔性四个特征。首先是集约性，平台基础设施多数汇聚了应用所需的各种通用能力，将以往需要多个步骤、多地解决的问题汇集在一起解决，极大地提升了效率。其次是受技术驱动演进速度快，相比于下层的网络技术设施，平台基础设施更软件化虚拟化，更贴近应用，可以根据应用的实际需求快速做出调整，如为满足中小企业入云需求，云平台由私有云向公有云过渡，又迅速演化出边缘计算满足海量物联网设备接入的需求。再次，就是平台基础设施的自动化运营要求高，平台基础设施诞生的目的就是要自动高效地处理业务流程，减少故障提高效率。例如，人工智能平台，就是将多种人工智能算法聚合在一起，自动处理数据得到分析结果。最后，弹性/柔性指的是平台技术设施的部署、改变都是非常简单的。既可以集中部署也可以分布式部署，同时可以根据任务量灵活增减。例如，云计算平台可以在一个大的资源池里灵活划拨应用所需资源，实时调整减少运营成本。

云网加速融合，公有云占比增大。云计算发展较早，技术成熟度和平台的普及程度较高。技术方面，未来将会有几点变化：首先，容器技术将助力云计算进一步发展；其次，

是更加高效的 Unikemerl 技术；再次，还有 X86 在基础计算架构领域一统天下的局面将改变；最后，是云计算与物联网技术的结合成为新的技术与业务发展方向。

平台方面，云计算平台技术成熟度高、功能相似、性能接近，同质化趋势明显。访问云的网络连接质量、使用便捷度已经成为影响云平台使用感知的关键，运营商、互联网公司及专业第三方等都已经高度关注云的接入质量和体验。因此，云网融合，即网络随云资源池需求而动态调整，计算、存储和网络资源统一分配调度成为行业发展的趋势。国内外领先云服务商如亚马逊、阿里都推出了云间高速网络，中国电信、日本 NTT 等有云有网的运营商也为云业务优化了专网设施。

云计算的中心化能力在网络边缘存在诸多不足，物联网、智能制造的新需求驱动了边缘计算的兴起和发展。云计算的不足主要体现在以下几个方面：

计算：线性增长的集中式云计算能力无法匹配爆炸式增长的海量边缘数据。

传输：传输带宽负载急剧增加造成较长网络延迟，难以满足控制类数据、实时/准时流式数据传输需求。

安全：云平台的安全与应用软件、平台、操作系统、多段网络、权限管理等多方面因素有关，边缘数据的安全隐私受到极大关注。

能耗：边缘设备传输数据到云平台消耗较大电能，从云平台获取数据到设备现场也需要二次耗能。

新的需求驱动主要体现在以下两个方面：

物联网：随着网络覆盖的扩大、带宽的增强、资费的下降，万物互联触发了新的生产模式和商业模式，催生新的数据生产和消费方式。

智能制造：离散制造和流程制造亟待靠近现场，能提供可靠性强、实时性/准时性强的 ICT 系统，以实现 IT 与 OT 深度融合所需的局部数据闭环。

边缘计算是继云计算之后的一个理念创新，可以在边缘端解决以上问题。边缘计算特指在靠近物或数据源头的一侧，调用平台的计算、存储、应用核心能力，就近提供服务。边缘计算和云计算并不会相互排斥，而是相互融合创新，推动新的产业变革和创新。

边缘计算已经成为平台基础设施的新战场：主要用于工业互联网和智慧城市等新场景，具备 CROSS 价值，成为连接物理与数字世界的关键，具备以下优势：

连接的海量与异构（Connection）。

业务的实时性（Real-time）。

数据的优化（Optimization）。

应用的智能性（Smart）。

安全与隐私保护（Security）。

智慧城市及工业互联网边缘计算网关将成为基础设施端与云平台端重要的中间环节，将融合多种多元化的异构协议解析和业务模型及学习算法等能力。

开放边缘计算，催生产业新生态：边缘计算将与硬件终端、网络连接、云平台及应用组成完备行业智能化生态体系。

人工智能走向商用，成为智能化升级的核心。人工智能可以理解为让机器具备类似人类一样观察、总结、推理问题的能力。在计算机系统中，“经验”通常以“数据”的形式存在，因此，机器学习是从“数据”中产生“模型”的过程。有了“模型”，之后再遇到新的问题，代入模型就可以得到结论。受益于强大计算能力和海量数据，深度学习成为人工智能中最先走向应用的技术。深度学习以神经网络为架构，海量数据为原料训练算法，数据量越大深度学习的效果越好，从而提供更好的服务，获取更多的数据，这些数据反过来又可以用于训练，良性循环。根据发展方向不同，人工智能分为语音识别、图像识别、语言理解、机器人等应用技术。语音识别、图像识别是目前最成熟的两种，普遍准确率都超过 90%。和文字相比，语音更加自然简单，同时输入效率更高，解决了汽车、手表等设备不方便文字交互的问题，因此语音被认为是下一代人机交互的主要形式。图像识别的重要应用是人脸识别，通过提取人脸特征信息实现在金融、安防等多个领域的应用。

人工智能有望引领未来技术浪潮，但它的发展需要其他技术如云计算、大数据和物联网等共同助力推动。

百度是知名互联网公司，将人工智能作为公司下一阶段发展重点，已经对外提供人工智能平台，即承载通用型的人工智能技术并向外提供服务，如百度的 Apollo 开放平台。

区块链解决平台中心化，成为价值传输基础设施。区块链是一种分布式的数据存储系统，云计算平台的一种体现形式。互联网构建起了信息传输的高速公路，但仍然不能很好地解决价值传输的需求，中心化成为瓶颈。如果网络上大家的交易都通过一个中心化的平台，势必造成这个中心过大，提高了交易成本，降低了交易效率。区块链技术最开始是为解决交易的中心化问题而产生的，它通过让集体共同维护一个分布式的账本，很好地解决了这个问题。区块链具备很多优势，如去中心化、分布式记录存储、信息安全透明、交易脚本可编程等，所支持应用越来越多，已超出互联网金融延伸到各个行业：在金融行业，高效低成本解决信用中介问题；在生产行业，保证数据安全，实现供应链同步；在文化娱乐行业，保护版权等数字资产；在商业领域，实现“智能合约”，合约条款由网络强制执行，无法否认或修改。当前区块链技术仍在探索期，未来将会得到大量应用，成为平台基础设施重要的组成部分。

3. 传统物理基础设施的数字化融合

随着数字经济向融合领域延伸，数字经济基础设施的概念更为广泛，不仅包括信息基础设施本身，也包括了传统物理基础设施中与信息基础设施相融合的部分。数字化赋予了物理基础设施中流动的比特新的意义，通过数字化使社会生产、商业运作与物理实体解耦从而更加方便灵活易用（如移动支付、社交网络）；并且通过对数字信息的重新组织与处理，挖掘其中新的机会与价值（如大数据分析）。简而言之，信息基础设施是连接物理基础设施与数字经济世界的纽带，是数字世界中商业创新、交互与送达的引擎。

新一代信息技术快速成熟并应用于各种传统行业，为传统行业带来巨大创新和业务量的快速增长、经济效益提升，从而正向拉动传统行业基础设施建设和重构。同时，信息基础设施的快速发展也离不开完备的、无处不在的传统行业基础设施的支撑，两者呈现相辅相成、螺旋式上升的关系。这里将选取工业互联网和能源互联网两个典型行业的基础设施数字化型详细阐述。

（1）工业互联网

随着全球范围内新一轮科技革命和产业变革蓬勃兴起，工业互联网作为当前新一轮产业变革的核心驱动和战略焦点，日益成为新工业革命的重要基石。工业互联网通过系统构建网络、平台、安全三大功能体系，打造人、机、物全面互联的新型网络基础设施，形成智能化发展的新兴业态和应用模式，是实现制造强国和网络强国建设的重要基础。

在工业互联网中，网络是工业系统互联和工业数据传输交换的支撑基础，即通过工业全系统的互联互通，促进工业数据的无缝集成，实现产业上下游、跨领域的信息集成共享；平台是工业智能化的核心驱动，即通过平台汇聚工业数据，搭建全周期管理与应用模型，实现机器柔性生产、运营管理优化、生产协同组织与商业模式创新，推动工业智能化发展；安全是网络与数据在工业中应用的安全保障，即通过构建涵盖工业全系统的安全防护体系，保障工业智能化的实现。

工业互联网中的网络化是指机器、原材料、控制系统、信息系统、产品及人之间的互联，涵盖从物理层到应用层的各类连接形态。随着信息通信技术向工业领域加速渗透，工业网络化需求的性能不断提升，类型不断丰富，极大地拓展了传统工业网络的内涵和外延，为工业互联网的发展奠定了良好基础。企业内的连接包括现场设备、工厂控制系统、私有云平台、生产工人四类对象间的互联关系；企业外的连接包括企业、公有云平台间的互联关系，企业和智能产品、用户的互联关系，以及对应工业互联网发展的四类应用场景，这四类场景分别为促进智能化生产的智能生产场景，促进网络化协同的网络协同场景，促进个性化定制的用户定制场景，促进服务化转型的服务化场景。

安全是工业互联网健康发展的重要保障。随着信息化和工业化深度融合，需要加快建立设备安全、控制安全、网络安全、平台安全和数据安全等多层次安全保障体系，加强推动攻击防护、漏洞挖掘、入侵发现、态势感知、安全审计、可信芯片等安全产品。其中，工业云中存储的数据具有较高的敏感性，涉及工业企业知识产权和商业机密，是其核心资产的重要组成部分，有些数据资料甚至关系到国家安全，因此，对数据的窃取或者破坏将造成严重经济损失、社会影响甚至国家安全等问题。由于工业系统的重要性，工业云可能会面临更多的威胁，与通常 IT 环境下的云相比，必须更加重视安全性和恢复能力，当前的信息安全处于持续攻击的时代，即从“应急响应”到“持续响应”的处理过程。

（2）能源互联网

能源互联网可理解为是综合运用先进的电力电子技术、信息技术和智能管理技术，将大量由分布式能量采集装置、分布式能量储存装置和各种类型负载构成的新型电力网络、石油网络、天然气网络等能源节点互联起来，以实现能量双向流动的能量对等交换与共享网络。

能源互联网与信息通信基础设施关系密切，首先它利用先进的传感器、控制和软件应用程序，将能源生产端、能源传输端、能源消费端的数以亿计的设备、机器、系统连接起来，形成了能源互联网的“物联基础”。同时，大数据分析、机器学习和预测是能源互联网实现生命体特征的重要技术支撑：能源互联网通过整合运行数据、天气数据、气象数据、电网数据、电力市场数据等，进行大数据分析、负荷预测、发电预测、机器学习，打通并优化能源生产和能源消费端的运作效率，需求和供应将可以进行随时的动态调整。

能源互联网表现出以下五大要素。

①可再生：可再生能源是能源互联网的主要能量供应来源，可再生能源发电具有间歇性和波动性的特征，其大规模接入会对电网的稳定性产生冲击，从而促使传统的能源网络转型为能源互联网。

②分布式：由于可再生能源的分散特性，为了最大效率地收集和使用可再生能源，需要建立就地收集、存储和使用能源的网络，这些能源网络单个规模小、分布范围广，每个微型能源网络构成能源互联网的一个节点。

③联网：大范围分布式的微型能源网络并不能全部保证自给自足，需要联网起来进行能量交换才能平衡能量的供给与需求。能源互联网关注将分布式发电装置、储能装置和负载组成的微型能源网络互联起来，而传统电网更关注如何将这些要素接进来。

④开放性：能源互联网是一个对等扁平和能量双向流动的能源共享网络，发电装置、储能装置和负载能够即插即用，只要符合互操作标准，这种接入是自主的。

⑤融合：能源互联网的基础设施建设不能完全摒弃已有的传统电网，特别是传统电网中已有的骨干网络投资大，在能源互联网的结构中，应该考虑对传统电网的基础网络设施进行改造，并将微型能源网络融入改造后的大电网中，形成新型的大范围分布式能源共享互联网络。

智能电网是能源互联网的一个环节，除了智能电网以外，能源互联网还包括智能发电、智能用电、智能储能，以及电力价值链外的智能服务和智能交易环节。智能电网还是基于以前的传统电力业务，基于专网通信系统，不开放，相对封闭，不能和其他系统相融合。能源互联网是基于物联网和现代互联网的系统，主要面向可再生能源，基于标准接口的开放式系统，对除了电力以外的各种用电设备（包括智能家电、电动车、分布式能源）开放，信息和能源可以基于现代互联网进行共享。智能电网是能源互联网的雏形，能源互联网的初级阶段。但同时能源互联网的发展会使得智能电网向开放式发展。

能源互联网是能源和信息技术的融合，将从根本上改变能源的生产和利用方式，从而形成能源供应向分散生产和网络共享的方式转变的大趋势。未来能源互联网的实践必将依靠分布式发电和智能微网、电动汽车 ETG、输配电、配售电分离侧，智能设备、大数据云平台、电力交易市场等发展来提高能源利用效率，降低能源系统风险。

能源互联网将打破原先相对独立的不同类型能源的界限，在先进信息技术的基础上形成以电力系统为核心、多种类型能源网络和多种形式交通运输网络高度整合的新型能源供给利用体系。在横向上，它能够实现不同类型能源相互补充；在纵向上，它能够实现能源开发、生产、运输、存储和消费全过程的“源—网—荷—储”协调。

（三）推动数字经济基础设施转型升级的建议

1. 树立引领意识，重点领域超前部署

当前，我国在移动通信网络 5G、人工智能及区块链等领域都具备国际领先优势，应树立引领意识，将优势进一步扩大。通过技术创新驱动基础设施向更广、更深、更强发展。努力成为移动通信领域 5G 标准和技术的全球引领者之一。掌控智能网络、下一代互联网、物联网领域的关键技术。实现人工智能、云计算、大数据、边缘计算、区块链、软件定义网络（SDN）、网络功能虚拟化（NFV）、操作系统、智能传感器等关键技术突破。实现信息通信技术研发和应用在军民融合多领域、多方向深度发展，并且加速产业化落地，利用中国庞大市场优势作为技术验证的试验田，待成熟之后抢占国际市场。

2. 加大信息基础设施投入和建设力度

加快构建新一代信息基础设施，为我国经济社会转型、全面发展数字经济提供坚实保

障。①支持高速宽带网络建设，以超高速、大容量光传输技术升级骨干传输网，以光纤到户为基础推动大中城市家庭用户接入升级，以4G网络深度覆盖为重点推动无线宽带网络深度延伸覆盖，加快5G研发进程。②按照市场需求灵活部署物联网、云计算中心、大数据平台等应用基础设施，加大城市公用设施、电网、水网、交通运输网等智能化改造力度，推动政务、行业信息系统向云平台迁移，深化物联网在电力、能源、交通、城市管理、工业制造、现代农业等重点领域的部署和应用。③加快发展工业互联网，制造业是实体经济的主体，要把制造业数字化、网络化、智能化摆在突出位置，构建高速率、高可靠、低时延、灵活快速组织的网络互联体系，完善工业云和工业大数据等关键应用支撑平台。

3. 技术与产业结合，资本与市场驱动快速发展

培育形成一批具有国际影响力和产业引领能力的企业。鼓励基于互联网的大众创新、万众创业。实现技术研发、基础设施建设和部署、新业态培育的良性互动。积极推动信息通信技术与农业、工业制造、交通运输、生活服务等行业的深度融合。形成网络经济与实体经济良性协同的发展格局。鼓励信息通信产业走出国门，参与国际竞争，借助“一带一路”倡议实施，向国外输出好的产品和理念，与其他国家同行业共同分享宝贵经验，提高国际影响力和话语权。

4. 推进基础设施平台与数据的标准化

标准是互联互通、信息共享、业务协同的基础，统一的标准对促进信息通信产业发展及在传统行业中的推广应用具有极其重要的作用。一是推进平台的标准化，即提供标准的能力开放接口及调用规范；二是数据的标准化，即制定统一的数据存储与传输格式，实现不同平台之间的功能调用、数据共享，提高平台之间的联动性与功能划分，避免平台功能的重复性开发和数据多次处理的资源浪费。加快建立和完善5G、工业互联网等前沿领域标准体系，积极抢占国际标准制定话语权；组织、协调行业监管部门、研究机构、制造企业、安全厂商等共同合作，研究制定相关的管理、技术、测评等标准规范，推动具有自主知识产权标准成为国际标准，增强产业发展主动权。

5. 建立健全立法与安全保护

网络信息技术与各领域融合的广度、深度、速度都在逐步深化，网络空间的一些问题同时也融合到各个行业中去，成为数字经济发展面临的共性问题，如网络安全、数据管理、个人信息保护、知识产权保护、平台责任等。强化信息基础设施的安全与防护是发展信息技术设施的重中之重，要以维护国家安全为直接目标，增强风险意识和危机意识，统

筹安全与发展、开放与自主的关系，突出动态化、综合化的防护理念，着力提升信息基础设施安全防护水平。首先，要加快信息基础设施演进升级、加强核心技术自主创新、提高关键软硬件产品自主可控水平；其次，是结合网络安全法建立健全信息基础设施安全标准体系和审查制度；再次，是加强网络安全技术手段的研究和运用，攻防兼备，以技术手段支撑安全；最后，是制订网络与信息安全人才培养规划，形成高等教育和社会培训相结合的人才培养机制，以人才队伍强化安全。

二、平台经济助力数字经济转型升级

（一）平台经济概述

1. 平台经济的特征与分类

（1）平台经济的特征

平台经济是一种技术驱动的新的经济形态，其核心是由多方参与形成的生态系统。这一经济形态的参与者主要有三类：平台的拥有者与运营者（有些场景下两者可能不一致），供给端平台使用者（如产品与服务提供商等）和需求端平台使用者（消费者、用户等）。平台经济模式下，供给端平台使用者和需求端平台使用者借助平台实现互动与交易，共同完成价值创造流程。平台通过以下维度赋能价值创造流程：价值主张、价格的撮合、交易双方的保护、互动的个性化及合作伙伴关系的形成。

企业融入平台经济，将通过在全新的平台生态系统中创造价值，重新定义未来的发展。平台经济的核心价值来源于以下三大原则：

第一，网络效应/双边市场。当两大用户群体（通常指生产者和消费者）相互产生了网络价值时，便会形成网络效应和双边市场，而这种互惠互利则能推动供需双方的规模经济。在越来越多互联用户和交易的支持下，平台的网络效应将进一步扩大，价值进一步提升。

第二，马太效应与“长尾”分布。一方面，平台带来的低成本互动与交易，将打破地域等限制，极度放大强势使用者的优势，形成垄断，即所谓头部的马太效应；同时，平台经济的规模效应，能够支持企业在分布曲线的“长尾”中盈利，避免利润在传统（线性）价值链中不断缩水。

第三，非对称性增长与竞争。通过互补服务来推动核心市场的需求，这些服务往往以补贴（或免费）的方式向用户提供，并且跨越了行业边界。当两家企业以截然不同的方式和资源来争夺市场机遇，就会出现非对称性竞争。平台商业模式下，非对称性增长与竞争将成为常态。

（2）平台的分类

平台的类型多种多样。从不同的出发点入手，将会有不同的平台分类方法。出于下文分析的需要，我们将数字化平台分为交易类平台、社交与内容类平台和技术支撑/产业平台。

（3）平台经济的核心优势：数字化平台放大网络的乘数效应

拥抱平台经济，将成为助力企业高速发展的重要途径。借助数字化平台，企业将以低成本接触空前广泛的用户与合作伙伴，并与之高效互动，通过交易与协同将网络的乘数效应充分发挥。

平台模式下，企业将以平台运营为基础，创造多方位的网络倍增效应，帮助特定市场中的众多利益相关方实现价值。随着平台的不断普及，参与者与更多利益相关方均可从中获益。

数字平台型企业在这方面已积累了多年经验。以 Salesforce 为例，它成功利用其平台型生态系统实现指数级增长，促进企业、客户及终端用户多方共赢。一方面，用户数的增加为应用提供者带来收入增长；另一方面，不断丰富的应用又吸引更多的企业投身平台。平台型数字化企业，如苹果、谷歌、亚马逊等，也深谙数字化平台的网络倍增效应，其数字化平台已被开发者和用户广泛采用，并由此创造出巨大的价值。平台商业模式下，乘数效应创造的增长与效率，其本质是共赢而非零和，各方都从创新的模式所带来的增长与效率中分享价值。

2. 数字技术成为推动平台经济发展与推广的核心动力

平台经济，尤其是数字化平台的发展，离不开数字技术的驱动作用。

（1）移动数据通信服务的发展，使得平台的连接功能更加强大、便捷，能随时随地连接到更多的参与方。

（2）物联网的发展，让平台所连接对象的范围空前扩展，将实体的物理世界融入虚拟的数字世界中。

（33）数据分析技术及近来蓬勃发展的人工智能，使平台运营更加智能化、效率更高、用户体验更佳，并能通过数据变现等缔造出新的商业模式。

（4）云计算架构和一切皆服务（Asaservice）的模式让平台更易于部署，使用成本更透明、低廉。

（5）应用编程接口（API）和开源软件的发展与推广，使平台功能的扩展更为简便、效率更高。

3. **平台经济发展迅猛**

(1) 数字化平台催生众多数字企业巨头，获得资本市场青睐

过去十多年来，互联网和高科技平台巨头快速崛起。其迅速扩张的用户规模，不断优化的用户体验和创新的盈利模式，令人眼花缭乱的技术产品创新和丰厚的财务回报，使平台巨头们成为资本市场的宠儿和职场的明星雇主。平台型企业在商业上的巨大成功，也给平台经济戴上了闪亮的光环，吸引了传统行业的广泛关注。有关传统行业如何借助平台运营模式提升运营水平，推动增长的讨论不绝于耳。

信息化与数字化时代，平台经济最先发轫于信息技术行业。以苹果为代表的创新的硬件厂商、微软和SAP等软件巨头，以及谷歌和亚马逊等互联网翘楚，都是数字化时代平台经济运用的典范。数字化平台模式之所以首先成就于高科技行业，原因有二：首先，沉浸于数字技术的高科技企业，对于平台经济在价值创造方面的放大作用先知先觉，如由于互联网自身特性带来的更强烈的网络效应，数据驱动的智能化撮合带来的效率与效果的大幅提升，以及利用相关技术搭建并运营平台的能力；其次，相关行业技术发展迅速，产品生命周期不断压缩，厂商在最短时间内占领市场，实现投入产出最大化的动机十分强烈，因而愿意尝试新的商业模式，成为商业模式创新的早期实践者。迄今为止，高科技行业创造了很多基于数字平台的新的商业模式：开源软件、众包众筹、基于 API 的开发者经济，等等。

今天，发端于高科技行业的平台经济的价值，被越来越多的行业所认知并重视，其借助平台经济迅速成长的事例，以及资本市场对于这一模式的认可，使传统行业高管面临越来越多“为什么不”的质疑。一方面，数字化平台企业相对传统行业的链状价值创造模式企业有明显的估值优势；另一方面，一些率先向平台经济转型的传统行业企业，也获得了资本市场更好的认可，企业估值超越同行。此外，互联网巨头通过对传统行业的渗透，给传统行业企业带来了竞争压力，也让他们需要重新思考在未来的产业价值链中自身的定位。

(2) 物联网催生产业平台

物联网打破传统行业疆界，推动商业模式进化，移动互联网和物联网的快速发展与普及，促进了数字世界和物理世界的融合，使数字平台所连接对象的数量与种类空前扩展，平台经济的网络效应迅速放大，是平台模式从高科技行业向以产品制造业为代表的传统产业延展的重要催化剂。其中，基于物联网的产业平台是平台经济推动传统行业转型创新的重要模式。

产业平台是指处于同一产业价值链不同环节的企业，借助数字化平台实现信息与资源共享，运营协同及达成交易的新模式。借助于物联网的发展与推广，业务合作伙伴能利用各种应用程序或设备进行交互；通过技术平台，价值链中的所有业者均能成为数字平台系统的组成部分。

随着产业物联网逐步深入渗透至各行各业，它最终将产生拉动式经济效应——实时感知需求、高度自动化运行、灵活生产制造，并且完善各自网络。这一发展需要企业广泛应用自动化技术和智能机器，并在特定场景下实现对人工的替代。因此，未来员工队伍的面貌将发生巨大变化，而且在高度自动化经济中取得成功所需的技能组合也会发生显著改变。

4. 平台经济的发展趋势

平台经济诞生至今已有时日，随着作为驱动因素的数字技术的不断发展，平台经济的内涵也不断演进，呈现诸多新的发展趋势。

（1）多样化

平台经济的不断发展，使平台类型越来越丰富，平台的撮合交易、促进互动和资源共享的基本功能不断产生新的实现方式和组合方式：从聚焦营销环节的电商平台，到以创新模式供应生产要素，如资本、技能与经验的众包众筹等。同时，如同自然界中的生态圈，一个成熟的平台系统中参与者的种类也将越来越多样化。以电商平台为例，从最初的连接买卖双方撮合交易，到今天的包括网店代运营、数据分析服务，乃至相关的咨询与培训提供商等种类繁多的增值服务提供者。多样化的平台参与者将令平台的功能更加强大，也将不断提升平台的抗御风险的能力，使之成为平台成员持续运营的重要依托。

基于物联网的产业平台的发展，是平台多样化趋势的重要动力。不同行业迥异的行业属性与特征成为产业平台多样化的基础。

（2）智能化

数字化时代，基于数据分析的数字化运营成为确保平台系统竞争力与生命力的重要保障。一方面，数据分析产生的洞察，将使互动撮合与资源共享的平台基本功能更智能化地实现，提升用户体验，提高平台系统的价值创造效率；另一方面，大量发生在平台之上的互动与交易，将积累大量数据。这些数据经过分析整理之后，将为第三方带来巨大价值，因而诞生了数据变现的商业模式，为相关各方带来新的营收来源。

（3）集群化

平台经济不断进化的方向之一是集群化，即不同平台间的连接，实现端到端的价值创造。还以 B2C 电商平台为例，从最初解决信息不对称为目的交易撮合，逐步发展到涵盖价值创造不同环节的支付、物流、广告等，每一个环节都自成平台，同时多个平台之间的数

据实现流动与分享，构成面向同一目标用户群的端到端的平台集群，使整个客户价值创造流程平台化。今天，平台集群化的趋势在B2C领域迅速发展，而未来在B2B领域，基于物联网技术，以数据分析为核心实现智能化运营的工业领域的平台集群也将获得发展，沿着行业价值链不断延伸。

（二）平台经济催生新动能，助力转型升级

1. 外部环境变化提高转型升级紧迫性

（1）宏观环境挑战增多，旧有增长模式难以为继

在基础设施投资与出口双轮驱动之下，中国经济实现了长达数十年的高速增长，成为第二次世界大战后世界经济史上的奇迹之一。然而今天，无论是不断下降的GDP增速，还是关于经济“L”形走势的论断，都指向一个事实——旧有增长模式已经走到尽头。传统经济增长模式的失速，以及多年来不均衡发展积累的矛盾的爆发，使得企业的增长与盈利面临重重挑战。

第一，生产要素价格的不断上涨，推高了企业的运营成本，威胁国内企业在全球市场上的竞争力；人口的老龄化带来后续劳动力供应的不足，致使劳动力成本上升；而多年来依靠海量货币投入推动增长的模式，造成资产价格，尤其是土地价格猛涨。

第二，需求端的疲软，不仅直接造成增长乏力，更削弱企业的盈利能力。全球金融动荡冲击了全球贸易，加之全球化进程中利益分配问题引发的逆全球化的风潮，使中国出口增速大幅下滑乃至负增长；作为另一增长驱动力的基础设施投资，常年的巨额投入致使边际回报不断下降，而作为投资主体的地方政府债务飙升，其持续投入的能力受到质疑；与此同时，作为增长支柱与稳定器的消费，尽管仍旧保持增长，但其增速不足以抵偿出口与投资疲弱的影响。

（2）行业内的产能过剩与过度竞争

中国多年来以投资带动增长的发展模式，以及一些特定行业有限的开放度，使多数不存在准入门槛的行业存在不同程度的产能过剩。无论是玻璃、水泥与电解铝等基础材料，还是汽车、造船与家用电器等消费品和资本货物，乃至太阳能电池板和风力发电机等新能源装备，过剩产能的存在使业内企业面对上游供应商和下游客户时议价能力缺失，盈利能力承压。而闲置产能所产生的利息与折旧等费用，进一步抬高了企业的运营成本。同时，地方政府出于就业与维稳等目的的保护，使过剩产能的退出渠道不畅，过度竞争将整个行业带向低盈利甚至亏损。

（3）跨行业颠覆者的威胁

以 BAT 等为代表的数字经济巨头对于传统行业的渗透与颠覆不断加速，从零售与金融到消费服务，再到医疗与公共服务。凭借对于数字化运营模式的熟谙，雄厚的资本及人才方面的优势，它们改写游戏规则，颠覆传统行业既有模式，使传统行业企业数字化转型的紧迫性不断上升。

平台模式带来的产品服务化及随之而来的共享经济的崛起，对于传统行业通过产品销售创造营收与利润的商业模式带来巨大挑战。产品服务化和共享经济为用户带来的支出节省与资产利用率的提升，从另一个角度即是对于产品总需求的抑制，这将使本已饱尝需求不足之苦的企业雪上加霜。另外，共享经济赖以实现的数字化共享平台的运营者掌握大量用户数据，使产品提供商与最终消费者脱媒，逐步沦为平台运营商的加工车间。

2. 平台经济推进中国企业增长、提效与创新，跨越 S 曲线

（1）平台经济推动业务转型

第一，深度互动强化客户联系，拓展新市场，实现差异化。平台商业模式下，企业将更直接地与客户和合作伙伴互动，推进产品和服务的差异化，加速创新，突破恶性竞争的红海。其所带来的与客户和合作伙伴间的直接和智能化的互动，一方面将使企业强化对于客户的需求、偏好、消费场景与购买行为的洞察，使得产品和服务的个性化与定制化成为可能；另一方面便于将客户引入产品与服务研发的过程中，实现 C2B 模式的创新，获取差异化和创新产品的溢价，提高客户忠诚度，提升客户转换成本，加深加宽自身的护城河。而与合作伙伴更加高效、直接和频繁的互动，便于双方或多方的创新活动的整合，实现协同创新，提高创新效率，分担创新风险。研发平台与客户互动平台等的数字化连接，将大幅加速研发进程，降低研发失败率，缩短创新产品与服务的面市时间。

第二，资源共享降低成本，协同提升运营效率。平台经济带来的资源共享，将提升各项资源的利用率，节省资源获取成本。这里的资源既包括 ICT 基础设施、仓储物流基础设施等有形的资源，也包括人才与技能、客户关系和供应商资源等无形的资源与能力。其中，互联网企业推进开发者在资源与工具方面共享的成功经验值得借鉴：移动平台之上包括 API 在内的 SDK 的开发与共享，为开发者节约了大量的开发时间，提供了便利的数据获取渠道。不仅创造出“开发者经济”的新的商业模式，也使之成为移动应用开发平台吸引开发者的核心竞争力之一。未来，随着消费者洞察的不断深化和设备自身智能化水平的不断提高，人工智能驱动的自动化与自主运营，以及运营流程的自我完善与优化，将带来运营效率提升的飞跃。

第三，降低跨国运营门槛，加速全球化运营进程。国内经济增长放缓带来的市场增速

的下降和随之而来的竞争的白热化，使越来越多的中国企业把开拓海外市场并实现跨国经营作为保持增长动力、实现转型升级的重要路径。平台化运营在促进企业运营全球化方面将发挥重要作用。一方面，电商等前端流程的数字平台本身所具备的跨国属性，将降低拓展海外市场的门槛——无论是借助于 eBay、亚马逊这样的第三方电商平台，还是自建电商网站，都是快速低成本拓展海外市场的渠道；另一方面，内部流程的平台化运营，将使不同地区的分支机构能够方便地实现资源共享，提高运营效率，降低成本。

3. 平台经济推动组织转型

(1) 众包众筹打破企业边界，塑造敏捷型企业

根据科斯的交易成本经济学观点，企业的边界取决于市场交易成本（外部）与企业组织内部协调成本（内部）的比较。对于特定的运营活动，当外部市场交易成本低于组织内部的协调成本时，委外也就是银行委外业务，它是指银行理财资金委托外部投资，基金公司资产管理计划、券商资产管理计划、信托计划、保险计划成为委外投资的四大形式。委外就成为理性选择，企业的边界向内收缩。数字化平台，尤其是众包众筹平台模式的兴起，带来生产要素交易成本的大幅下降，使企业将更多的运营环节委外成为可能。随着越来越多的运营流程通过众包模式委外，企业将更加聚焦于核心的运营环节，组织结构更加精简，应对外部运营环境变化的敏捷性大幅提高。

(2) 平台经济推进组织扁平化，迅速感知颠覆并做出反应

平台模式在企业内部的应用，形成平台运营模式，使企业组织结构扁平化的进程大大加速：数字化平台所提供的海量节点同时互动、沟通与协作的能力，使单一节点能够管控与协作的节点数量大幅增加，传统企业依靠多层级来管理大规模运营的组织结构不再必要。扁平化的组织将对于市场与客户需求的变化更加敏感，并能够以更迅速的决策做出回应，成为敏捷企业的重要领域。

(3) 平台型企业所具备的扁平化和高度敏捷的特征，使其能够对外界环境变化保持敏感，并提升其抗御风险、应对颠覆性竞争的能力

平台模式所赋予的与客户和合作伙伴的直接互动，将使企业对客户或合作伙伴需求的变化更加敏感，从而更快地做出反应；而数字化平台对于其上所聚集的大量的合作伙伴与用户的实时洞察，也使得企业更及时地发现颠覆性创新的萌芽；而借助平台模式实现的自身资源与能力的变现，降低了企业对产品产销营收的依赖，使之面对行业或产品生命周期的变化，获得充分的缓冲空间，自如应对。

(4) 打造行业生态圈，强化上下游互动，协同应对颠覆挑战

不同于传统的以上下游流程定义的价值链，以平台经济为核心的生态系统以服务同一

外部客户群为目标，借助相互之间的连接形成多样的竞合关系；平台型生态系统由生态系统核心平台和大量的生态系统参与者构成，服务于共同的用户群。参与者基于平台实现互联互通及资源共享与赋能，完成协同的价值创造，并在平台的主导下实现价值分享。以数字化平台为核心的行业生态系统，将为参与各方在应对颠覆性变化时带来更强的资源与能力支持。通过与行业生态系统中各方的协同，企业将借助合作伙伴的优势，洞悉用户需求与竞争态势变化，提供创新的产品与服务。

4. 平台经济商业模式创新

（1）从产品销售到通过平台的服务提供

企业迈向平台经济，实质是要打造一个多方参与的价值创造网络，共同来满足客户的需求。其与传统商业模式最大的不同，在于在客户价值创造过程中自身角色的转换：扮演的角色将不仅是一个生产者或者交付者，而是成为整个价值创造流程的组织者与协调者，其竞争力不仅依赖于自身的能力和对上下游资源的掌控，而是支撑平台为中心的价值创造网络的高效和繁荣。

（2）平台建设与运营，强化行业生态系统核心地位

企业拥抱平台经济，建设与运营行业数字化平台，将提升企业在行业内价值创造流程中的地位与控制力。随着越来越多业务活动向平台迁移，以及平台之上共聚集的合作伙伴的不断增加，基于平台的包括核心客户数据在内的数据资产的不断增长，企业对作为数字经济时代核心资源的数据的掌握与控制将不断强化。随着数字化产业平台的不断发展，所带来的价值创造与分享的机会将吸引新成员的加入；而平台成员规模的扩大会衍生出更多的商业机会，从而实现平台基于正反馈的良性发展，不断壮大。

（3）数据变现等创造新的营收与利润来源

随着企业运营数字化的不断深入，海量而且不断增长的数据，将成为企业重要的资产。平台商业模式下的数据资产变现，将是企业利用数据资产创造价值，贡献于企业的营收与利润增长的重要途径，其具体形式包括以下三个方面：

①企业作为数据提供商直接出售数据。出售标的既包括基础数据，也包括聚合以后的标签数据。实际应用中，对于向外提供数据，尤其是用户数据，考虑到保护用户隐私的需要，提供经过聚合后和匿名化处理之后的数据更为可行。

②企业作为应用提供商向客户提供数据分析相关的应用。所提供的服务，既可以是基于自身设施和经验的数据存储、管理和整合等服务，也可以是帮助客户分析相关数据并产生洞察的互动型数据分析工具及服务，甚至是在精准营销方面提供基于实时数据分析等的交易服务。API 正成为应用越来越普遍的服务提供模式与渠道。与直接出售数据相比，这

一模式在提高服务的增加值并拓展盈利空间的同时，还将降低泄露用户隐私等方面的风险。

③企业以数据平台提供商和数据聚合者的身份实现价值创造。这一模式下，企业将不再局限于依据自身数据资源提供服务，而是将数据分析业务所涉及的不同参与者（数据提供者、分析服务提供商、客户等）聚集于自身打造的平台之上，使之通过协作和交易等方式完成数据资产的价值实现，并为提供上述服务收取费用，如数据交换/交易市场，以及洞察生成的平台（分析即服务等模式）等。

（三）平台经济提升全要素生产力，推动中国经济转型升级

平台经济的发展与推广，将促进各生产要素的供应改善，提高其使用效率，提升中国经济增长质量，推动经济发展模式转型升级。

众包作为平台经济的重要表现形式，将使人力资本投入价值创造的门槛更低，边际成本更低，价值增长机会更多。无论是应用开发和平面设计等知识密集型经济活动，还是物流和出行等劳动密集型活动，都将受益于众包模式下的信息透明与供需匹配；众筹平台的兴起，则成为传统融资渠道之外最具活力的融资模式，优化资本配置，使创新等经济活动的资本来源大幅改善，融资门槛与成本降低；而平台模式下的无缝沟通与协同，提升技术创新的效率，改善资源供应，提升创新水平。

（四）优化平台发展环境，促进平台经济健康成长

平台经济的发展与推广，在助力企业转型和掘金数据经济的同时，也成为中国产业升级和经济转型，建设数字中国的重要动力。相关各方的共同努力，营造有利于这一创新商业模式发展的环境，促进其健康快速发展，已成各方共识。

1. 平台经济环境指数

埃森哲基于在平台经济领域多年的研究和实践，建立了五个维度的平台经济环境指数，旨在对全球各国平台经济的发展环境进行可量化的比较，分析发展趋势，明晰地区差异，探寻并分享最佳实践。

（1）数字技术与服务用户

数字化用户的规模对于平台经济的重要性不言而喻。首先，作为平台经济核心的网络效应/双边市场效应决定用户规模的扩张，将带来价值创造机会的指数级增长；其次，平台商业模式轻资产运营，固定成本较低，营收和利润对于规模的弹性巨大，规模增长带来的收益可观。而用户的数字化应用水平，将决定单个用户在平台商业模式下产生价值的

潜力。

（2）基础设施与服务水平

相关数字技术的发展水平，以及充足的基础设施等资产供给，是平台经济发展所依托的外部条件的重要构成。基础设施的供给水平有两个主要的衡量标准，即连接的数量与质量，包括物联网乃至工业物联网的发展水平与普及程度；以云计算等为代表的数据分析与处理潜力，包括潜在的计算与数据存储能力与资源等。

（3）政策法规

数字经济的高速发展及平台经济的迅速推广，需要相关政府与监管部门积极且包容性的政策法规制定与监管实施。一方面，在信息安全、消费者隐私保护等方面订立规范，确保创新与发展的基础；另一方面，与平台建设和运营者等各方合作，制定有利于竞争与创新的游戏规则，推动新模式的发展，实现其社会与经济价值最大化。

（4）数字平台相关的创业环境

平台经济作为创新的运营模式，其发展与推广需要充足的创新人才保障：既包括大量的高质量技术与管理人才，如信息化科技与工程人才，也包括愿意承担风险获取回报，且具备创业相关技能的创业者。数字化平台经济的发展与推广，需要政府相关部门将相关人才的培养作为教育体系发展的优先领域；而平台的实践者则应当选择相关人才富集的区域开展业务活动，提高成功率与投资回报。

（5）开放创新文化

数字化平台作为创新的商业与运营模式，其发展与推广有赖于鼓励创新、宽容试错的文化氛围。以此为基础，平台经济的实践者需要以开放的心态与各方展开合作，推动平台经济的成熟与落地；政府相关部门将在建设创新孵化与聚集区、汇集相关各方和完善平台生态系统等领域发挥重要作用；作为潜在平台经济主导者的行业领袖，则应通过开放相关资源和完善治理结构等推动新模式的发展。

2. 中国优化平台经济发展环境建议

（1）强化基础设施与用户规模等“硬环境”优势

中国消费者和企业对数字技术的全面拥抱，在很大程度上得益于中国高速发展的数字化基础设施。随着移动互联网和以此为基础的智慧城市和无线城市建设的逐步展开，中国的互联网普及率连年升高。同时，中国的数字消费者对新技术、新产品和新体验的期望不断提升，催生了一个高度开放、充分竞争的数字消费市场，这为企业的产品创新、服务创新和商业模式创新提供了巨大压力和动力。基础设施与数字化用户规模的优势，使中国成为数字化平台型企业诞生与发展的沃土。

未来中国在ICT基础设施和用户规模等硬环境方面，应当更聚焦于中小城市与农村；在加大投入升级这些地区的基础设施的同时，通过教育与培训（如远程教育）提高这些地区人口的数字化知识水平与应用能力。

（2）培育开放创新文化，完善配套法规

中国基础设施与用户规模优势显著，如能加强创新文化的建设并完善相关配套法规，则将在全球数字化和平台化浪潮中赢得更大先机。相关部门应着力改善平台经济运行的软环境，加强用户权益保障与风险控制，并加速相关举措的落地，鼓励新技术与新模式实验与推广。借此将释放平台发展动能，降低商业模式与技术的创新的成本与门槛，最大化平台经济的发展红利。他山之石，可以攻玉，这方面海外的部分实践可供参考借鉴，如英国金融监管部门的“监管沙箱”，允许经过挑选的初创企业试验现行管理系统内无法试验的创意，而管理部门通过对试验的监督，确保消费者和其他方面的权益得到充分保护。

参考文献

[1] 钱明辉. 科技金融与创新发展科技金融服务平台设计与应用研究 [M]. 长春：吉林大学出版社，2023.
[2] 李可顺. 金融数据风控数据合规与应用逻辑 [M]. 北京：机械工业出版社，2023.
[3] 丁杰. 金融科技学 [M]. 北京：北京理工大学出版社，2023.
[4] 贲圣林，李振华. 全球金融科技创新观察 [M]. 北京：人民出版社，2023.
[5] 邓雪莉. 金融科技概论 [M]. 北京：中国人民大学出版社，2023.
[6] 余丰慧. 金融数字化科技赋能下的金融业转型方案 [M]. 杭州：浙江大学出版社，2023.
[7] 黄仁，李村璞. 金融科技系列教材智能金融 [M]. 西安：西安交通大学出版社，2022.
[8] 陆岷峰，毛富国. 金融科技赋能新说 [M]. 北京：中国金融出版社，2022.
[9] 郝朝坤，陆岷峰. 供应链金融理论与实践 [M]. 北京：中国金融出版社，2022.
[10] 刘孟飞. 金融科技对商业银行风险、绩效多维影响的理论与对策研究 [M]. 上海：上海远东出版社，2022.
[11] 李瑞. 数字经济建设与发展研究 [M]. 北京：中国原子能出版传媒有限公司，2022.
[12] 邱志刚. 金融风险与金融科技传统与发展 [M]. 北京：中国金融出版社，2021.
[13] 柏亮，于百程，赵慧利. 数字金融：科技赋能与创新监管 [M]. 北京：中国对外翻译出版社，2021.
[14] 刘变叶，张雪莲，郑颖. 金融科技结合的路径创新 [M]. 北京：中国经济出版社，2021.
[15] 尹优平. 国民金融能力发展研究 [M]. 北京：中国金融出版社，2021.
[16] 吴湘泰，范军，黄明卓. 一本书读透金融科技安全 [M]. 北京：机械工业出版社，2021.
[17] 徐慧贤，薛强. 金融发展与高等院校金融创新人才培养模式研究 [M]. 北京：中国商务出版社，2021.
[18] 赵大伟，袁佳. 矛与盾：金融科技与监管科技 [M]. 北京：中国金融出版社，2021.

[19] 巴曙松，朱元倩. 金融监管和合规科技：国际经验与场景应用［M］. 北京：东方出版社，2021.

[20] 郭建鸾，黄东流，汤庆. 智能金融［M］. 北京：科学技术文献出版社，2021.

[21] 胡方. 互联网金融创新创业教程［M］. 武汉：武汉大学出版社，2021.

[22] 焦瑾璞. 金融交易导论原理、机制与实务［M］. 北京：中国金融出版社，2021.

[23] 吴金旺，顾洲一. 数字普惠金融：中国的创新与实践［M］. 北京：中国金融出版社，2021.

[24] 杨凯生，杨燕青，聂庆平. 中国系统性金融风险预警与防范［M］. 北京：中信出版集团股份有限公司，2021.

[25] 裴辉儒. 数字金融学［M］. 西安：陕西师范大学出版总社有限公司，2021.

[26] 秦荣生，赖家材. 金融科技发展应用与安全［M］. 北京：人民出版社，2020.

[27] 黄金老. 金融科技［M］. 沈阳：东北财经大学出版社，2020.

[28] 王健宗，何安珣，李泽远. 金融智能［M］. 北京：机械工业出版社，2020.

[29] 顾晓敏，梁力军，孙璐. 金融科技概论［M］. 上海：立信会计出版社，2019.

[30] 沙敏，乔桂明，陈一鼎. 物联网金融发展及应用前景研究［M］. 苏州：苏州大学出版社，2019.

[31] 谢平，刘海二. 金融科技与监管科技［M］. 北京：中国金融出版社，2019.

[32] 陈建可，礼翔. 金融科技重塑金融生态新格局［M］. 天津：天津人民出版社，2019.

[33] 黄毅，王一鸣. 金融科技研究与评估［M］. 北京：中国发展出版社，2019.